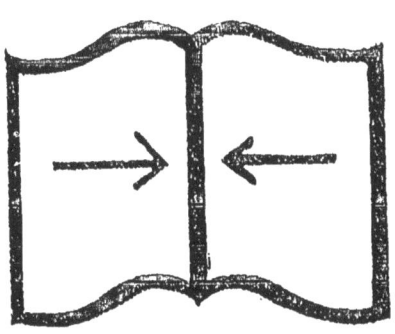

RELIURE SERREE
Absence de marges
intérieures

Début d'une série de documents
en couleur

MISTOIRES

PARIS

8, RUE SAINT-JOSEPH, 8

Tous droits réservés.

A LA MÊME LIBRAIRIE
ET CHEZ TOUS LES LIBRAIRES

ARMAND SILVESTRE

LES FACÉTIES DE CADET-BITARD
Un beau volume in-18 jésus. Prix : 3 fr. 80

AU PAYS DU RIRE
Un beau volume, illustré par CLÉRICE. Prix : 3 fr. 80

LES GAULOISERIES NOUVELLES
Un beau volume, illustré par JOB. Prix : 3 fr. 80

FABLIAUX GAILLARDS
Un beau volume, illustré par BLASS. Prix : 3 fr. 80

JOYEUX DEVIS
Un beau volume, illustré par CLÉRICE. Prix : 3 fr. 80

LE LIVRE DES JOYEUSETÉS
Un beau volume, illustré par RIP. Prix : 3 fr. 80

CONTES INCONGRUS
Un beau volume, illustré par CLÉRICE. Prix : 3 fr. 80

ÉMILE COLIN — IMP. DE LAGNY

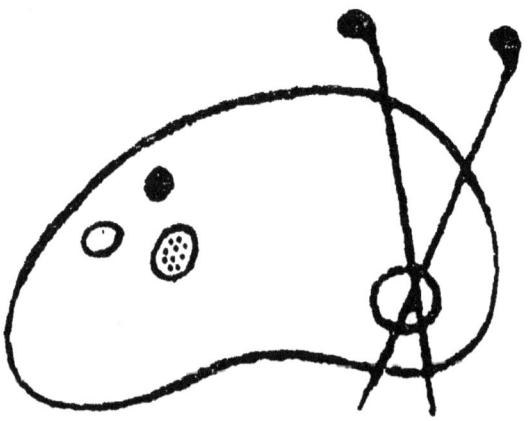

Fin d'une série de documents en couleur

HISTOIRES
RÉJOUISSANTES

ÉMILE COLIN — IMPRIMERIE DE LAGNY

ARMAND SILVESTRE

HISTOIRES
RÉJOUISSANTES

PARIS
A LA LIBRAIRIE ILLUSTRÉE
8, RUE SAINT-JOSEPH, 8

Tous droits réservés.

CRISE MONÉTAIRE

CRISE MONÉTAIRE

I

Time is money, dit sentencieusement un de nos voisins de compartiment, un Anglais fort vilain naturellement. Car nous ne trouvons les étrangers jolis que quand ils sont nos amis. Et l'effroyable accent dont s'était servi celui-là me tinta longtemps dans l'oreille, cependant que le train filait, au rebours du paysage que découpaient de lourdes volutes de fumée. Je rassemblai, durant ce temps inappréciable, toutes mes notions passées d'économie politique (la seule économie avec laquelle j'ai eu quelques relations dans la vie) et, résolu à être pédant à mon tour, je tins, à fort peu près, ce langage, austèrement fleuri, à mes compagnons de voyage :

— Mon Dieu, messieurs (nous étions entre hommes seulement, ce qui excuse mon désœuvrement), ce n'est pas le temps seulement qui peut être une monnaie, mais toute chose précieuse et limitée par sa rareté. Les premiers hommes opéraient leurs échanges avec des pierres différentes des pierres communes. Maintenant que tout le monde voyage, j'ai déjà plusieurs fois proposé à l'Institut d'adopter comme unité monétaire le kilomètre de chemin de fer. On solderait ses comptes en trajets à travers la France. Un londrès se troquerait contre un billet de Paris à Passy et un fusil contre une promenade à Toulouse. On trouverait constamment et sûrement le placement de cette monnaie fiduciaire. Elle permettrait de rendre à l'orfèvrerie les quantités considérables d'or et d'argent dont on faisait des louis et des pièces de cent sous, ce qui permettrait, à tout le monde à peu près, d'avoir de jolie vaisselle.

Et, comme on avait l'air de ne pas prendre mon idée suffisamment au sérieux :

— Ma nouvelle monnaie, repris-je un peu vexé, serait cependant moins étonnante que celle usitée par les naturels de l'île d'Unamack, découverte par un Christophe Colomb russe et où, comme je l'ai lu récemment dans un livre de voyages absolument scientifique et sérieux, c'est en « femmes » que s'évaluent toutes les choses de la vie.

— Parbleu ! riposta vivement Cadet-Bitard au milieu de l'étonnement général, il me semble, qu'en France, les choses se passent bien un peu ainsi. Seulement ce sont ces dames qui se débitent elles-mêmes. Mais elles se détaillent aussi, comme dans les faux ménages, en commandite, et même souvent dans les vrais en état d'adultère quand le mari se fait habiller ou nommer sous-préfet par autrui...

— Shocking ! fit le vilain Anglais en délaçant sans façon ses bottines et les cordons de son caleçon.

Alors un Russe, naturellement très bien, d'aspect distingué au possible et dont la voix était mélodieuse comme les chants d'Ukraine que j'ai entendus à Kiew l'an passé, prit à son tour la parole avec une exquise politesse :

— Je suis heureux, messieurs, nous dit-il, de confirmer l'assertion de cet aimable Français (ainsi parlait-il de moi comme s'il me connaissait depuis longtemps), et de pouvoir vous donner de très intéressants détails sur les mœurs des habitants de cette île Unamack qui fait, en réalité, partie de nos possessions. Car, par la volonté souveraine de mon maître le czar, j'en ai été gouverneur pendant plusieurs années, à une époque où l'influence européenne n'en avait altéré aucun des usages antiques pour y substituer les émotions de la Bourse et des courses de chevaux. Géographiquement, il m'est interdit de vous révéler sa situation sur les cartes des mers. Mais je puis vous conter une histoire parfaitement authentique où la façon dont s'y concluent peut-être encore les marchés a donné lieu à de curieux événements.

— Aoh yès! fit le vilain Anglais en huchant ses bottines dans le filet et en secouant son caleçon sous notre nez pour nous donner de l'air.

II

— Tout naturellement, continua le Slave aux blonds favoris, la polygamie est en vigueur dans l'île d'Unamack. L'homme le plus riche est celui qui possède le plus de femmes, puisque c'est celui qui peut se passer le plus de coûteuses fantaisies, absolument comme c'est, chez nous, l'homme qui a le plus de roubles dans son portefeuille. Or, au temps où j'administrais cette intéressante peuplade, de mœurs d'ailleurs très douces, le Rothschild de Kakatiphoï, la capitale de l'île, était un nommé Lakékétakoko qui possédait une vraie ménagerie féminine, un coffre-fort plein d'appas vivants ressemblant fort au sérail du sultan. Or, voyez comme l'humanité est la même partout et que l'amour est un sentiment ayant, même chez les plus abrupts, un besoin étrange de se localiser sur un unique objet. Comme les sultans aussi, ce précieux Lakékétakoko avait une favorite, sa jolie O'Kelnéné, laquelle méritait vraiment bien cette marque particulière d'estime. Car c'était bien la plus jolie femme noire que j'aie vue, avec des traits réguliers qu'on eût dit coulés dans le bronze et un arrière-train, genre Hottentot, mais sans exagération, une tournure naturelle sur laquelle les jupes se fussent délicieusement modelées en reliefs apéritifs, si elle n'eût été nue comme une fleur sauvage. Ce qui permettait d'en apprécier mieux encore les délicates et abondantes beautés. Capricieuse, d'ailleurs, comme toutes celles qui se sentent jolie et aimées, pleine de coûteuses fantaisies, de chimériques envies ; et, comme le pauvre Lakékétakoko l'adorait au-dessus de toutes choses, rien ne lui semblait trop cher de ce qu'elle souhaitait et il ne daignait même pas compter ce qu'il dépensait pour elle. Toujours en adoration devant ses petits pieds d'idole aux ongles de rubis, il était trop heureux de satisfaire le moindre de ses désirs. Je l'ai dit tout à l'heure : l'humanité est la même partout.

Cependant, comme nous n'avions pas commencé encore, dans ce temps-là, la campagne antisémite, quelques juifs allemands avaient obtenu, de notre gracieux souverain, l'autorisation de venir faire un peu de négoce dans sa nouvelle conquête. Nous sommes, de race, des guerriers plutôt que des marchands et le juif a un instinct de l'échange qui en faisait, quoi qu'on dise à la cour, un ferment utile dans le mouvement des transactions. Il est ingénieux et sobre, ce qui lui fait la force redoutable que vous savez, force que les États bien avisés, comme le vôtre, canalisent à leur profit. Mais c'était, tout de même, un sale usurier que Sacher Moloch, le sémite tudesque (grande aggravation du sémitisme) qui, connaissant la faiblesse de Lakékétakoko vis-à-vis de sa bien-aimée, s'en vint proposer à celle-ci de lui vendre un collier de saphirs — non pas en vraies et fines pierreries comme celui dont notre ami, le beau poète Catulle Mendès, a fait égrener par Pierné les perles sonores et où se révéla, une fois de plus, une adorable ballerine devenue même géniale — mais en verroteries bleues parfaitement grossières et dont la valeur ne pouvait tromper qu'une petite sauvagesse comme cette fantasque O'Kelnéné. Car il lui fallut à tout prix ce bijou abominable ; et quand elle l'eut passé à son cou, le diable lui-même ne serait pas venu à bout de l'en arracher.

C'est alors seulement que l'imprudent Lakékétakoko demanda à Sacher Moloch combien il lui devait pour cette nouvelle emplette de la favorite.

Celui-ci feignit de faire, sur un calepin crasseux, un compte détaillé du prix de revient, et en annonça ainsi le résultat définitif :

— A l'extrême rigueur, je buis fous laiser l'opchet pour zent zoizante-deux femmes zingante. (Car, par un sentiment de courtoisie tout naturel envers votre beau pays, messieurs, mon premier soin avait été d'introduire dans l'île d'Unamack l'usage de la langue française.)

III

Le bon Lakékétakoko fit un bout de grimace qui le fit ressembler à un morceau de réglisse fondant. Il possédait précisément, en tout, cent soixante-deux femmes, en ne comptant pas O'Kelnéné, bien entendu. Il fit cependant, comme il était vaniteux, bonne contenance, et prit l'air dégagé d'un homme qui trouve que c'est donné.

— Entendu, fit-il. Vous ferez passer à ma caisse, — non, à mon lit, — et vous toucherez le montant de votre facture. Je vous rabats seulement les cinquante centifemmes.

— Imbossiple ! fit Sacher Moloch qui avait bien su ce qu'il faisait.

— Et où voulez-vous que je les prenne, imbécile, puisque vous me ruinez ?

— Mademoiselle O'Kelnéné n'est-elle bas là pour barvaire la somme ?

— Ah çà ! maroufle, tu ne prétends pas que je la coupe en deux, je suppose ?

— Non ! esdimaple Laguéguénagogo, che ne le foutrais pas moi-même. Mais, sans la partacher, nous en aurons, jagun, une moitié.

Lakékétakoko bondit en l'air à cette impertinence.

— Et quelle moitié choisis-tu, croquant ? ricanat-il sur le ton d'une sifflante ironie.

— Bour za, che suis pon envant, continua le juif. J'aimerais mieux celle d'en pas, mais che te laisse le choix.

— Bien obligé. Monseigneur est trop bon.

Et se tournant vers O'Kelnéné qui assistait à cette scène en secouant, dans la lumière argentée de son sourire, les verroteries sonores du collier sur sa gorge, suppliant, haletant d'angoisse, les larmes aux yeux, il lui dit :

— Ma chère amie, rendez le collier, je vous prie. Je vous en paierai un plus beau à la première occasion.

O cruauté féminine ! Elle continua à sourire, en faisant tinter sa parure et osciller, sans répondre,

1.

assez fortement, sa jolie tête crespelée, en signe de refus.

— Che fais touchours prendre li fraison du reste, fit Sacher Moloch, mais fous allez me faire un pillet pour ce petit excétent de brix, avec cette réserve que le zomme il bordera indérêt à zent pour zent.

— C'est-à-dire que, dans un an, je vous devrai une femme tout entière au lieu de cinquante centifemmes?

— Brézizément, fit le juif. Mais fous bourrez fous lipérer par andizibation.

Il n'y avait pas à dire : mon bel ami, puisque O'Kelnéné se refusait absolument à rendre la marchandise.

Désespéré, Lakékétakoko donna les clefs de sa caisse, — non, de sa literie, — à Sacher Moloch et lui rédigea un billet ainsi conçu : « *Fin année courante, je paierai à l'ordre de Monsieur Sacher Moloch, la somme de cinquante centifemmes, somme portant intérêt, pendant la durée du prêt, à cent pour cent, valeur reçue en marchandises.* »

Et il signa en rechignant.

Sacher Moloch mit l'effet dans son portefeuille crasseux, en sifflotant un psaume de Salomon.

IV

— Et comment cela finit-il? demandai-je à l'aimable narrateur, très intéressé que j'étais à la situation vraiment critique de ce sympathique Lakékétakoko.

— C'est moi, reprit le Russe, qui, le trouvant également digne de pitié, le tira d'affaire...

— Et comment cela?

— Le billet n'ayant pas été payé à échéance et Lakékétakoko, sur mon conseil d'ailleurs, ayant frauduleusement détourné tout ce qui aurait pu indemniser son créancier, un procès s'engagea : procès qu'il devait absolument perdre et dont il ne devait sortir que flétri.

— Jusque-là le service que vous lui avez rendu, cher monsieur, me semble médiocre.

— Attendez, pétulant Parisien. J'insinuai à mon gracieux souverain l'idée d'introduire, à titre d'essai, dans l'île nouvellement conquise, le code Napoléon dont nous admirons sincèrement les beautés sans les assimiler d'ailleurs à notre propre usage. On fit venir, pour cela, des magistrats de votre pays. Ils abordèrent dans l'île avec des bagages tellement considérables qu'il fallut une grande semaine pour les décharger. Comme nous leur demandions, avec une curiosité polie, ce qu'ils avaient bien pu mettre dans tous ces colis, ils nous répondirent que c'était une chose très précieuse qu'on appelait, chez vous : *Les lenteurs judiciaires*. Ils en avaient fait une telle provision que, depuis vingt ans qu'a commencé le procès, il n'est pas plus avancé que le premier jour. C'est admirable vraiment. Avec tous les droits du monde et son billet protesté dans ses mains, Sacher Moloch est toujours Gros-Jean comme devant.

— Ah ! tant mieux ! Ce brave Lakékétakoko doit être bien content !

— Pas du tout! Pendant ces vingt ans, O'Kelnéné

(les femmes se flétrissent vite dans les climats chauds) est devenue affreuse et il serait enchanté de l'abandonner à Sacher Moloch. Mais celui-ci refuse énergiquement d'en prendre livraison et a intenté récemment ce que vous appelez, je crois, une action reconventionnelle, comportant également une dépense de vingt ans de lenteurs judiciaires. Ah! vous êtes bien vraiment les premiers jurisconsultes du monde.

Nous saluâmes tous à ce compliment, sauf l'Anglais qui prenait sournoisement un clystère sans avoir crié gare! et qui avait les deux mains occupées.

Et par la croisée étroite, trouant le panache de fumée, dans les profondeurs sombrement azurées des cieux, se levaient de petites étoiles.

LE BON CHASSEUR

LE BON CHASSEUR

I

Une belle matinée d'automne, avec une buée d'or pâle dans l'air traversé de mille fils de soie où la rosée avait mis une poussière diamantée, sous un ciel à peine affermi sur les fumées troublantes de l'horizon ; une des dernières matinées ensoleillées de l'année. Et quel soleil ! Déjà tiède et ne rayonnant plus que des mélancolies du souvenir. Tout disait, dans la campagne, les gloires mourantes de l'été : l'herbe brûlée d'où montait un parfum plus pénétrant ; la petite rivière presque tarie et ne filtrant plus qu'entre des cailloux ; le chant des oiseaux s'acharnant aux fruits sauvages des haies éclaircies ; par-dessus tout, le vol des premières feuilles tombées courant sur le sable mouillé des avenues. On eût dit que le vieux Jason avait étendu sur la cime des chênes la toison si chèrement conquise jadis, et les bouleaux grelottaient déjà, argentés et menus, dans les fraîcheurs aurorales. Le château des Engrumelles et le grand parc qui l'entoure dormaient encore dans cette sérénité des premières heures, ses tourelles se dégageant seules des vapeurs rosées qui montaient du fossé seigneurial où de grosses carpes sautaient, se détendant comme des arcs, puis plongeant et laissant à la surface des rides concentriques qui venaient mourir jusqu'au bord. Le château dormait, mais non pas tous ses habitants. Car voici sortir, par une façon de poterne donnant sur un pont-levis coûteusement remis en état, M. le comte des Engrumelles lui-même, botté jusqu'aux cuisses, sanglé dans une jaquette de velours à boutons bronzés, coiffé d'une casquette ne rappelant que de fort loin le cimier de ses ancêtres, une carnassière au dos et son meilleur fusil sous le bras, en tenue de Nemrod moderne (l'ancien Nemrod est, je le sais, représenté vêtu d'une peau de bête, mais M. des Engrumelles n'eût eu qu'à se déshabiller pour lui ressembler absolument). Son chien favori, celui qu'il rouait de coups de fouet avec le plus d'assiduité, cheminait sur ses talons, et, derrière le chien, fermant la marche, son ami le vidame

Agénor de Capdenac, costumé comme lui et également suivi d'un toutou pensif. En atteignant l'autre rive du fossé, le vidame se détourna pour jeter sur une fenêtre du château, où un rideau tremblait, un regard furtif. J'aime autant vous dire tout de suite que cette fenêtre était celle de la chambre de madame des Engrumelles, ce qui me porte à croire qu'une troisième personne veillait qui n'était autre que cette grande dame. Les gens vertueux ont toujours aimé voir lever l'aurore. Le diable soit du maroufle qui a dit cette bêtise-là !

— Arrêtons-nous, dit M. des Engrumelles à son compagnon. Toi, Agénor, tu battras, de ce côté, la plaine qui foisonne de lièvres et de perdreaux. Moi, j'irai de celui-là où le gibier est infiniment moins abondant. Tu vois comme je te traite !

— Soit, répondit philosophiquement Agénor, et il ajouta sur le ton de la plus parfaite indifférence : Je te remercie.

— Vers dix heures, poursuivit le comte, nous nous retrouverons, si tu veux, au rond-point des châtaigniers, où le garde nous déchargera du poids de nos victimes. Puis nous nous séparerons de nouveau pour ne nous rejoindre ensuite qu'au château, à l'heure du déjeuner.

— Parfaitement, répliqua le vidame sans s'émouvoir davantage.

Ils se serrèrent la main et sifflèrent leurs chiens respectifs. Après quoi, M. des Engrumelles s'en alla bien dans la direction qu'il avait dite. Mais il n'en fut pas de même de M. de Capdenac qui, une fois son ami disparu, rebroussa vivement chemin et se glissa de nouveau dans le castel dont il avait laissé la porte entr'ouverte.

En matière de gibier, chacun son goût.

II

Lequel des deux chasseurs suivrons-nous? Ah! mes gaillards, j'ai deviné votre choix, mais vous me permettrez de ne m'y pas soumettre. Nous laisserons dans sa chambre armoriée où le jour filtre à peine, tamisé par les rideaux et traçant simplement sur le tapis deux bandes étroites de lumière, la comtesse à fort peu près nue, étendue dans le fauve échevèlement de sa crinière. Ah! vous n'êtes pas dégoûtés! Vous voudriez que je vous raconte l'alanguissement de son regard et le sourire mourant de sa bouche. Ne vous plairait-il pas que je vous décrive, pendant que j'y suis, la ferme rondeur de ses seins parfumés, la noble courbe de ses hanches modelées comme l'antique amphore, l'épanouissement charnu de ses assises naturelles, et *quod intrinsecus latet*, comme dit le Cantique des cantiques? Ne vous gênez pas! Demandez-moi encore le dessin impeccable de ses cuisses, l'aimable renflement de ses mollets un peu haut perchés, comme chez les personnes de race, la virgule spirituelle que pose sa cheville au-dessus du pied effilé et blanc comme une main. A d'autres, messeigneurs! je ne fais pas ces excitantes besognes! J'insinuerai tout au plus, et timidement, que la « belle et honneste dame » était bien en point pour faire le bonheur d'un autre que son mari, ce qui est le but sérieux du mariage, lequel n'est pas, comme vous le pourriez croire, un égoïsme à deux, mais une institution bien autrement libérale, une arène où les athlètes étrangers sont admis, un groupe ouvert, pour parler le beau langage parlementaire. Mais j'en ai assez de moraliser. Retournons au champ où M. des Engrumelles réédite, au grand dommage des bêtes de poil et de plume, la Saint-Barthélemy. Un rien ! Le comte n'y va pas de main morte. Si la chasse est vraiment une image de la guerre, je ne le saurais comparer qu'à Alexandre ou à Napoléon. Et pan ! pan ! pan ! Les lièvres n'ayant pas encore imaginé de brûler Moscou, sa retraite, après la victoire, n'a rien de celle de Russie, et aucune Bérésina ne lui barre le chemin. Il arrive donc triomphant, et à dix heures, au rond-point des châtaigniers, tout couvert d'animaux immolés.

Le vidame y pénètre lui-même cinq minutes après, mais léger comme un fil de la Vierge. M. des Engrumelles lui montre orgueilleusement son trophée :

— Et toi, Agénor, qu'as-tu tué ?
— Absolument rien.

Gros éclat de rire du comte.

— C'est tout naturel, poursuivit Agénor ; en sortant d'un taillis j'ai si rudement cogné le canon de mon fusil contre un chêne, qu'il est absolument faussé. Vois plutôt comme il a le nez en l'air. Impossible de tirer avec une arme pareille.

— Je ne veux pourtant pas que tu rentres bredouille, reprit le bon des Engrumelles ; ma femme se moquerait trop de toi. Tiens, donne-moi ton fusil et prends le mien.

Cette canaille d'Agénor ne se fit pas prier et, comme il était incapable d'être touché par un acte de générosité même héroïque, à peine se fut-on séparé de nouveau, pour une nouvelle battue, qu'il vous reprit galamment le chemin qui mène à des fourrés où l'on rencontre plus souvent les amoureux que les chasseurs. — Quoi! encore ? — Eh! mon Dieu, la comtesse était exquise, Agénor avait à peine trente ans et les belles heures sont comme les eaux courantes où l'image de nos rêves ne tremble qu'un instant.

III

Quand, à midi, heure du déjeuner, M. des Engrumelles repassa son pont-levis, il ployait encore sous le faix de nouveaux massacres. Cette fois-là, M. de Capdenac était arrivé le premier au rendez-vous, car il attendait son ami dans la grande salle décorée de bois de cerf symboliques. Agénor, qui avait dépouillé déjà son vêtement cynégétique, avait l'air si parfaitement content de l'emploi de sa seconde reprise que le comte ne douta pas un seul instant qu'il eût pris une éclatante revanche.

— Eh bien, lui dit-il avec sa rondeur impatiente d'imbécile, tu as été plus heureux ?

— Moi ? fit Agénor, je n'ai pas seulement touché un pouillard.

— Avec mon fusil ?

— Avec ton fusil.

— Eh bien, moi, vois si je suis habile ! Avec ton arme faussée, j'ai abattu dix lièvres et toute une compagnie !

Mais Agénor que le bonheur rendait insolent :

— Sais-tu ce que ça prouve? fit-il au comte triomphant sur un ton frisant le dédain.

— Que je tire à merveille.

— Tout le contraire. Car il faut terriblement mal viser pour toucher avec une arme qui n'est pas juste. Ça prouve donc que tu n'es qu'un maladroit.

M. des Engrumelles demeura coi devant cette conclusion aussi humiliante qu'inattendue.

— Oui, mon cher, Agénor a raison, vous êtes un maladroit ! ajouta gaiement la comtesse qui avait entendu, en entrant, les derniers mots du vidame et avait les meilleures raisons du monde pour les trouver en situation.

UN MAUVAIS CAS

UN MAUVAIS CAS

I

C'était un samedi, le grand jour matrimonial pour les petites gens qui « guaignent cahin caha leur paouvre et chétive vie », comme dit Rabelais. Le lendemain, les ateliers sont fermés et l'on peut rester plus tard au lit. Ce n'est pas raffiné de sentiment, mais à Scheweling, en Hollande, les pêcheurs ne se marient qu'en hiver parce que, m'a dit naïvement l'un d'eux, les nuits sont plus longues. C'était un samedi et, vers cinq heures du soir, les bois avoisinant la grande ville, — j'entends ceux de Boulogne et de Vincennes, — étaient sillonnés de fiacres emportant des messieurs dont les habits noirs, enfermés depuis longtemps, craquaient aux manches, et des dames gantées de blanc, le dos fleuri de palmes par un cachemire, le tout suivant de plus grands fiacres où se prélassaient des demoiselles couronnées d'oranger. Là où les cortèges avaient fait halte, on jouait au bouchon en manches de chemise et les compagnes de la nouvelle épousée cancanaient entre elles. C'est un tableau que Paul de Kock a fait cent fois et avec infiniment de vérité.

Donc, dans un de ces bois, non pas celui de Boulogne, mais de Vincennes, M. Bernard, menuisier de son état, et sa jeune femme, Agathe de son petit nom, fraîchement unis par leur maire, avaient conduit les gens de la noce, comme dit la chanson. On avait copieusement déjeuné et M. Bernard, qui adorait le jeu de tonneau, s'y livrait, avec délices, en compagnie de camarades d'atelier et au mépris des lois de la plus vulgaire galanterie, laquelle lui ordonnait de demeurer auprès de sa bien-aimée. Mais baste ! il aurait bien le temps de la voir dans son ménage. Et allons donc ! Il n'était pas de ces soupirants mélancoliques qui se collent aux jupes de leurs belles. Il y a temps pour tout, et il était pour le positif. Mais Agathe ?... Agathe en avait pris son parti et faisait un tour dans les allées au bras de M. Michel, un ami de Bernard que celui-ci avait chargé d'amuser son épouse. Or, ce Michel était un homme particulièrement consciencieux, et comme

Agathe avait témoigné qu'elle n'aimait pas s'amuser au soleil, il lui avait cherché, au cœur des taillis, des routes obscures qu'embellissait l'ombre oblique du couchant, où seule s'entendait la chanson furtive des oiseaux.

II

Le garde Anselme, habillé de vert comme un académicien ou un perroquet, différant cependant du premier en ce qu'il portait une plaque de cuivre sur la poitrine, et des seconds en ce qu'il était encore moins varié dans ses sujets de conversation, faisait sa ronde, béat et souriant. Car cet excellent homme adorait ce jour de la semaine consacré aux amours honnêtes. Anselme avait une admiration sans bornes pour l'institution du mariage à laquelle il devait d'être un des plus beaux dix-cors de nos domaines nationaux. Il n'admettait rien au monde, en dehors des justes noces que nous a léguées le code latin. On n'aurait pas trouvé une bourrique plus morale dans toutes les banlieues réunies. Aussi fallait-il le voir sourire aux couples légitimes, tandis qu'il avait, les autres jours, pour les malheureux concubins qu'un mauvais hasard amenait sur sa route, des sourires méprisants à les faire rentrer sous terre. Son plus grand plaisir était de guetter ceux-ci pour les pincer dans l'intempestive expression de leurs coupables tendresses. Et n'y avait-il ni supplications, ni larmes qui les pût sauver d'un procès-verbal enjolivé de détails aggravants. En vain les mille voix de la nature, celles des mousses encore froissées, des feuillages encore penchés comme des rideaux, des oiseaux dont la messe amoureuse n'était pas encore terminée, imploraient et suppliaient pour eux. Outrage aux bonnes mœurs! il ne connaissait que ça, M. Anselme. La prison! c'était son refrain.

Mais le samedi, rien de pareil à redouter. Un souffle d'honnêteté qui rafraîchissait sa vieille caboche circulait partout autour de lui. Et, c'est en méditant sur ce noble aspect des choses qu'il tomba juste en arrêt sur M. Michel en train d'amuser Agathe dans un berceau naturel de verdure, j'entends de jouer avec elle au joli jeu des nouveaux époux. — Deux jeunes mariés qui prennent un acompte! pensa Anselme, et il ajouta mentalement aussi : Pauvres enfants, soyez heureux! Sa première idée avait donc été de ne pas les déranger, mais une idée plus affectueuse encore lui vint. Ils n'étaient pas bien sur cette terre à peine couverte de gazon, sous ce dais de branchages qu'emplissait déjà le bourdonnement inquiétant des insectes crépusculaires. Sa petite maison, à lui, était à deux pas, avec une belle chambre tranquille et un grand lit. Pourquoi ne ferait-il pas une bonne action, puisqu'il s'était institué l'ange des légitimes amours ?

— Pst! pst! fit-il aux deux joueurs interloqués.

III

— Par ici ! poursuivit-il. Par ici !

Agathe mourait de peur et M. Michel n'était pas à son aise.

— Ne craignez rien, continua le garde. Moi aussi je me suis marié autrefois et je ne comprends que trop votre impatience. Ce que la journée m'avait paru longue, à moi ! Tous ces indifférents qui retardent la solitude à deux, si douce, sont-ils assez insupportables ! Non seulement je vous comprends, mais je vous approuve de les avoir laissés en plan pour jouir en paix de vos nouveaux droits. Après tout, maintenant que M. le maire y a passé, vous n'avez plus à vous gêner pour personne ! Mais vous serez bien mieux chez moi et vous risquerez encore bien moins d'y être dérangés.

— Il me prend pour le mari, pensa M. Michel, et il serait tout à fait stupide de dissiper son erreur.

Mademoiselle Agathe ne pensait rien de précis, mais l'idée de continuer la partie commencée ne lui déplaisait pas. D'ailleurs, ce nouveau venu était revêtu d'un caractère sacré ; il portait sur lui les insignes d'une magistrature. Lui obéir était un devoir. Ils se résignèrent et suivirent M. Anselme. On gagna rapidement, par des sentiers qu'il connaissait, un pavillon rustique à la porte enguirlandée de glycines. Une fois le seuil franchi, M. Anselme les installa comme il avait projeté, leur souhaita mille choses aimables et, discret autant que

. 2.

paternel, s'en fut sur la pointe des pieds pour veiller à distance sur eux. L'idée qu'il servait la morale, sa marotte, et protégeait le mariage, son dada, emplissait son œil d'une fierté dont les petits éclairs y passaient comme des étincelles et les poils de sa moustache grise se dressaient avec une expression de défi, comme pour dire aux amoureux illégitimes : Venez-y donc !

Quand il jugea qu'il était décent que ses hôtes rejoignissent leur noce, il frappa au carreau trois petits coups mystérieux. Un instant après, M. Michel et Agathe recevaient sur le seuil sa bénédiction, et le bon garde soufflait d'aise d'avoir si bien occupé son temps.

IV

Le bruit d'une querelle le tira de son repos et l'arracha presque immédiatement à son vertueux rêve. Il accourut, comme c'était son devoir, et trouva, à deux pas, ses protégés à qui un grand diable était en train d'administrer une volée. L'agresseur portait le costume noir et cérémonieux de gens de noce. La pensée du garde fut immédiate : Un guet-apens ! Le cousin traditionnel évincé et jaloux qui a attendu le mari pour l'assassiner et voler sa femme sur son cadavre. J'ai vu ça à l'Ambigu. Ça me connaît. Attends un peu ! Et, prompt comme la foudre, il rentra en courant chez lui, décrocha un fusil chargé à l'avance de gros sel pour les maraudeurs et pan ! pan ! les deux coups...

Le malheureux M. Bernard, atteint deux fois, en plein faux-filet, poussa un hurlement de douleur.

— Attrape, coquin, lui cria M. Anselme pour le consoler.

Car c'était M. Bernard qui, sa partie de tonneau terminée, avait enfin cherché son épouse, inquiet et mélancolique comme Orphée demandant Eurydice aux échos. Une compagne d'Agathe, une de ces bonnes langues que je voudrais voir je sais bien où, lui avait tenu quelques propos à double entente sur la fuite de sa femme avec M. Michel sous les grands bois. Le menuisier, qui avait un peu bu, s'était monté la tête, pensant d'ailleurs que sa femme la lui montait également... d'un étage.

En la rencontrant au bras de Michel, près de la maison du garde, alanguie et délicieusement penchée, il n'avait pu se contenir. *Inde* le tapage, à la fois couronné et interrompu par le double coup de feu de M. Anselme.

Or, pendant que Bernard, intérieurement salé et lanciné de douleurs atroces, se roulait par terre, M. Anselme emportait dans ses bras Agathe presque évanouie, puis venait tendre un cordial à M. Michel dont la trique du menuisier avait légèrement écorché les reins. Ça ne se passera pas comme ça! Mes enfants, leur disait-il, ça ne se passera pas comme ça! Je vais rédiger mon rapport, tout à l'heure, et faire diriger cette canaille vers l'infirmerie du Dépôt. En attendant, reposez-vous encore chez moi! na! na! mes petits mignons.

Cependant les autres gens de la noce étaient accourus au bruit. Ils se pressaient autour de Bernard. M. Anselme voulut les faire évacuer. — Mais c'est le mari ! lui criait-on. — Allons donc ! le mari ! Il est là, chez moi, avec sa femme ! Il lui fallut bien cependant en croire la clameur populaire. Sa stupeur fut telle qu'on crut qu'il allait devenir fou. Bernard, qui est rancunier, a porté plainte. M. Anselme est actuellement poursuivi pour homicide volontaire et proxénétisme. Son affaire est très mauvaise, a dit M. le juge d'instruction, et il en aurait pour cinq ans que nous n'aurions pas lieu d'en être surpris. C'est bien fait ! Pourquoi se plaisait-il à tourmenter les amoureux de bohème qui se quitteront demain, mais s'aiment tant aujourd'hui !

CONFITEOR

CONFITEOR

I

Et celle-là me fut contée dans un petit village voisin de Hernani, par delà notre frontière basque, sous une fenêtre à l'écusson seigneurial en ruines, par un beau soir où de lointaines mandolines semblaient pincer au passage, délicatement vibrantes comme des antennes d'insectes, cependant qu'aux croisées voisines palpitait l'aile languissante des éventails, souvenir charmant de ma courte incursion en Espagne d'où m'ont vite chassé la façon insuffisante d'accommoder le bœuf et la façon plus vilaine encore de tourmenter le taureau. Car ma nature pacifique et culinaire s'accommodait mal de ces courses cruelles et de ces mirotons vénéneux. Quand Vatel aura été remplacer Frasquelo *tra los montes*, il n'y aura plus seulement, pour moi, de Pyrénées.

En attendant, je me rappelle avec plaisir la naïve histoire qui me fut narrée, ce soir-là, sous un ciel éblouissant d'étoiles, par un gros homme très rieur et ceinturé de soie groseille, sa fille, notre hôtesse, faisant, pendant ce temps-là, s'évanouir, dans des verres, de petites meringues à la vanille et au citron, très brune avec des yeux longs dont les cils étaient comme une bande d'ombre sur une pêche.

Donc c'était une grande douleur pour l'excellent curé Ilpétalanana, doyen de la petite église qui se dressait devant nous, dans le crépuscule stellaire où passait l'aile sonore des phalènes, gothique et mauresque à la fois, dans son architecture pittoresque mais sans pureté, que son vieil ami le docteur Silvès y Sanlaroz menaçait fort de mourir dans la peau d'un voltairien. Cet ibérique Purgon était, en réalité, fort imbu des doctrines libre-penseuses, sceptique et quelque peu athée, avec le fond de superstition, sans doute, que nous ne dépouillons jamais, nous autres enfants du soleil, mais obscur et inefficace certainement à sauver son âme. Le docteur Silvès y Sanlaroz, de complexion maigre et robuste, était veuf depuis longtemps. D'aucuns prétendaient que sa nature ardente et sensuelle avait hâté les jours de sa jeune et défunte épouse. Issu les portes du mariage, il n'avait eu garde de les franchir une seconde fois et s'était répandu en amourettes adultères qui l'avaient rendu, fort longtemps, très aimé des femmes et très redouté des maris. Comme il ne craignait ni Dieu ni diable, il s'était rué à travers les ménages, sans y épargner rien de sacré, au grand scandale de son ancien et fidèle compagnon, le curé Ilpétalanana, qui n'en référait pas moins son éternel salut, quand cette longue tourme serait enfin jetée.

Et assurément, il semblait au saint homme que le temps fût vraiment venu. Aussi, dans les parties de manille qui occupaient les soirées de ces braves gens, ne manquait-il aucune occasion de jeter des semences de conversion dans l'âme de son partenaire ; mais celui-ci y répondait par de petits ricanements secs et des plaisanteries irréligieuses qui eussent certainement découragé un moins croyant. Ces petites escarmouches amusaient souvent la galerie faite de quelques voisins aux croyances diverses. Avec plus de profondeur qu'on ne l'imagine, le curé estimait que les emportements amoureux de la jeunesse, incompatibles avec une vie sévèrement chrétienne, chez un esprit logique, surtout comme celui du médecin, avaient été pour beaucoup dans l'exubérance impie de son ami. Il comptait donc encore sur le ralentissement naturel de cette belle fugue pour l'amener à des sentiments meilleurs. Et, je le répète, ce n'était pas d'un sot. Qui dira pour combien nos passions entrent dans nos doctrines et combien nous excellons à façonner notre pensée selon notre désir ?

— Mais cependant, triple entêté, s'écriait l'apôtre, si je te montrais un miracle !

— Tu ne m'en montreras pas, vieille bourrique ! Et d'ailleurs qu'est-ce que tu appelles un miracle ?

— Si saint Sébastien, par exemple, dont c'est demain la fête et que tous les fidèles interrogent sur leurs intérêts, te répondait, interrogé par toi ?

— Il ne me répondra pas.

— On pourrait toujours voir. Tiens ! j'ai deux manilles et trois manillons. S'il te répondait, cependant, croirais-tu ?

— Peut-être ! J'ai gagné ! Nous tenterons l'aventure, si tu le veux.

Et le docteur ricana doucement, en ramassant ses maravédis, cependant qu'une pensée secrète illuminait le front du curé.

II

Dans sa niche de pierre s'ouvrant dans un dédale d'ex-voto, comme une toile d'araignée que vient de traverser une guêpe, le saint, de bois peint, avait revêtu, dès l'aurore, les vêtements somptueux que Pépé, le sacristain, lui retirerait le lendemain, une fois sa fête passée. Car c'est la mode là-bas d'habiller magnifiquement les idoles à l'occasion de certaines solennités et de les rendre ensuite à leur costume de tous les jours. J'ai assisté, un lendemain d'Assomption, au rebours de cette toilette, et je vous assure que rien n'est plus comique au monde. La chapelle, dont un faux Velasquez ornait l'autre muraille, était naturellement obscure, et un caprice peu compris de monsieur le curé avait interdit qu'on y allumât, comme à l'ordinaire, une constellation de cierges. C'est que le saint Sébastien, immobile dans ses draperies dorées et coiffé d'une couronne de clinquant, n'était pas l'authentique bonhomme de hêtre qui, la veille encore, grimaçait douloureusement, les flancs nus, sous l'innombrable morsure des flèches dentelées. Le nouveau saint Sébastien à qui la crédulité publique allait demander des conseils était en chair et en os, Pépé lui-même, le sacristain à qui l'abbé Ilpétalanana avait imposé ce déguisement et cette immobilité douloureuse dans un but que vous avez deviné déjà.

Habituellement le saint ne parlait pas, en réalité. Chacun de ses crédules visiteurs n'en croyait pas moins entendre sa voix au fond de sa conscience et se retirait convaincu que le saint l'avait intérieurement conseillé. Le mysticisme produit volontiers de ces effets, dans un milieu où tout favorise les illusions. Mais le docteur Silvès y Sanlaroz était le moins préparé du monde à cette duperie innocente. Il fallait, pour le convaincre, que le saint parlât vraiment. Et voilà pourquoi Pépé avait été juché dans la niche et y devait rester jusqu'après la visite du sceptique médecin. Le curé avait d'ailleurs compté sur la vue affaiblie par l'âge de celui-ci et sur la demi-nuit entretenue volontairement dans la chapelle pour qu'il ne s'aperçût pas de la substitution.

Ah ! le bon petit regard d'incrédule, fouillant et froid comme un couteau, qu'avait le petit-fils de Sangrado en se soumettant à l'épreuve que lui imposait le fanatisme de son vieux compagnon ! — Comme ça, se disait-il, il me laissera tranquille ensuite ! Comme si l'ardeur du prosélytisme était susceptible de guérir ! Il est si simple cependant de croire ce qu'on veut en laissant la même liberté aux autres. Ah! que j'aimais mieux l'ancienne tolérance romaine qui ouvrait toutes larges les portes des temples aux dieux des peuples vaincus ! Imaginer que l'idéal ait une formule et que l'immatériel ne se prête qu'à une seule image ! Dieu sait si je déplore la persécution antisémite; mais avouez que le judaïsme et le christianisme, qui en procède, ont rendu un fichu service à l'humanité, en tentant de lui faire croire qu'il n'y avait qu'un seul Dieu ! Que le beau panthéisme païen était plus noble et plus vrai, et comme il versait une plus grande douceur dans les âmes ! Qui dira ce qu'ont coûté de sang les ascètes et les martyrs, et combien d'hérétiques ont saigné à chacune des blessures inutiles de saint Sébastien !

III

— Eh bien ! interroge-le, incrédule ! fit avec conviction le curé à son ami qui reniflait l'encens avec un certain air de dégoût.

— Que veux-tu que je lui demande ?

— Ce que tu voudras.

— Eh bien ! cher monsieur saint Sébastien, vous plairait-il de me dire s'il pleuvra demain et si je dois prendre mon parapluie ?

— Je vous le conseille absolument, estimable docteur Silvès y Sanlaroz, répondit, d'une voix claire, le sacristain déguisé en cible.

— Ah ! mon Dieu !

Et d'un mouvement fou, avec des craquements rauques dans la gorge où les anciennes superstitions de l'enfance semblaient plonger leurs ongles triomphants, étouffantes et acharnées, haletant, perdant la tête, le docteur se prosterna, vaincu par le miracle.

— Relève-toi, mon frère en Jésus-Christ, lui dit, en le prenant dans ses bras, le curé fou de joie, d'une joie impie et touchante à la fois. Car il avait enfin converti son ami, son ouaille, mais par quel abominable mensonge !

— Pas avant que j'aie confessé publiquement mes péchés, comme les chrétiens de la première Eglise, répondit avec fermeté le néophyte dont une flamme céleste illuminait les yeux.

— Bravo, mon frère ! Je n'aurais osé jamais t'en demander autant. Mais ce sera une grande édification pour toute la paroisse et un exemple qui te vaudra l'éternelle miséricorde de Dieu ! Parle ! ne me cache rien ! J'ai le saint pouvoir de tout délier et de t'absoudre.

Et se frappant douloureusement la poitrine, après avoir murmuré quelques oraisons en souvenir, le repentant Silvès y Sanlaroz commença d'une voix dolente :

— Mon père, je m'accuse d'abord de faire encore cocu, avec sa femme légitime, et trois fois par semaine, le sacristain Pépé...

Il n'avait pas achevé que le saint s'écroulait sur sa tête, en vociférant, en se débattant dans ses draperies d'or, en s'en dégageant enfin, et en lui administrant une roulée avec tout ce qui lui tombait sous la main, les flambeaux de l'autel, les missels arrachés de leurs pupitres, les encensoirs même dont il faisait des masses d'armes, comme celles des anciens chevaliers. Sous cette grêle de coups, le visage contre terre, étendu de tout son long, le docteur, convaincu que la vengeance divine se déchaînait sur lui, continuait à jeter ses péchés au vent d'une voix défaillante. On le releva complètement défiguré, imbécile et gaga. Il ne fait plus cocu personne, même une fois par semaine.

— En voilà un qui ira tout droit au ciel ! dit avec componction et sans l'ombre d'un remords l'excellent abbé qui l'avait si ingénieusement converti.

Et maintenant, que les éventails palpitent encore dans l'air du soir, aux croisées armoriées du village où ceci me fut conté !

MADAME GERVAIS

MADAME GERVAIS

I

Quand j'ai revu Lille, il y a deux ans, j'eus grand'peine à m'y reconnaître, tant les embellissements de la ville en avaient changé la physionomie. Le vol des tramways sur les rails, le roulement incessant des fiacres, le mouvement à outrance de la grande cité industrielle, tout m'était curieux et imprévu. Non pas que Lille ne fût déjà, au temps de ma première et lointaine visite, un grand centre de production, mais il s'en fallait de beaucoup que la circulation y eût cette activité. Les voitures y étaient rares et l'on y connaissait encore les vinaigrettes. — Les vinaigrettes? *Qu'ès aco?* comme nous disons à Toulouse. — Les vinaigrettes étaient de simples chaises à porteurs mises à la disposition du public. J'en vois encore le remisage en plein vent le long du théâtre, en file. On se serait cru au temps de Molière et des petits marquis. Tout s'efface de ce qui fut le passé. Allez donc demander maintenant une vinaigrette à Lille, et vous verrez comme on vous rira au nez.

— J'ai connu la dernière, me dit mon ami Jacques, et je lui dois une des plus grandes émotions de ma vie.

— Histoire d'amour, sans doute ?

— Parbleu ! est-il rien autre chose dont il convienne de se souvenir ?

— Et ce n'est pas trop... ?

— Dramatique, mon cher, grandiosement dramatique.

— Je t'écouterai donc, car s'il s'était encore agi de quelque aventure polissonne, je t'en aurais interdit le récit. *Sursum corda !* mon compère. On nous trouvait déjà trop gaulois en Belgique, au temps du ministère libéral. Que doit penser de nous Bruxelles aujourd'hui ?... Bruxelles la pudique, où jamais livre simplement léger ne s'imprima !

II

— J'allais avoir vingt ans, me dit Jacques, et j'aimais déjà. J'aimais la fille d'un pâtissier de la rue Esquermoise, une enfant aussi, très blonde, très douce, adorablement mystique et sournoise, une rose de candeur et de perversité. On lui eût donné sans confession le bon Dieu et le reste. Elle excellait d'ailleurs aux choses de son état et nulle part je ne mangeai d'aussi bon pain aux amandes que chez son père. Je lui avais donné mon cœur entre deux meringues ; elle l'avait accepté entre deux sourires aux clients. Ma cour se fit à coups de petits fours et je faillis en attraper une gastrite. Mais je sentais mon âme comprise et voilà qui vaut bien quelques lourdeurs d'estomac. Où nous voir quand nous fûmes d'accord ? Elle habitait la pâtisserie et moi je couchais chez ma mère. Parbleu ! une chambre en ville ! Je vous en moque. C'est, en province, encore aujourd'hui, le *rara avis* du proverbe latin. On dirait, une fois hors Paris, que les gens vertueux ont seuls le droit de se coucher. Je réclame, morbleu ! pour les autres. Les gens vertueux n'ont après tout qu'à rester dans leurs familles. Elle avait bien trouvé le moyen de s'échapper la nuit, sans être entendue de personne, et il y avait beaux jours que je possédais un passe-partout occulte avec lequel je rentrais cyniquement à six heures du matin pour défaire mon lit et le tiédir un peu. Mais où aller pour profiter de cette liberté charmante ? J'eus une idée fatale. Je pensais à la vinaigrette toujours vide et en station à cette heure dans l'ombre monumentale de la Comédie. C'était moins spacieux qu'une chambre, mais nous étions tous les deux minces et de bonne volonté. Cette inspiration charma Victoire — ainsi s'appelait ma bonne amie — et je n'avais pas conçu ce projet que six heures après il était mis à exécution. Une heure du matin sonnait au beffroi quand nous nous glissâmes dans le mobile appartement, les lèvres lourdes de baisers et le cœur débordant de tendresses contenues. Elle tremblait comme une feuille sous le vent et moi je me sentais brûlé d'un feu intérieur dont les fusées me montaient, grisantes, au cerveau.

III

La nuit admirable ! une nuit d'hiver pourtant, mais douce, avec des gerbes d'étoiles s'élançant de la course des nuages quand ceux-ci découvraient, en fuyant, quelque coin du ciel. Aucun bruit que le pas attardé des buveurs sortis, les derniers, de la cave des Quatre-Marteaux, où se faisaient alors de si bonnes crêpes. Puis de longs silences qu'emplissaient nos extases. Car ces entr'actes charmants de l'amour n'ont besoin d'autre musique que celle qui chante, en nous-mêmes, l'hymne reconnaissant du plaisir. Nous en étions au troisième de ces andante intérieurs qui suivent les allegros de la passion et préparent si bien un nouveau lever du rideau, quand quelque chose d'étrange se passa fort près de nous. Une porte s'ouvrit sur la petite place, une porte aux gonds soigneusement huilés, et deux hommes en sortirent qui certainement cherchaient à n'être ni vus ni entendus. Après s'être assurés que le lieu était solitaire, ils chargèrent sur leurs épaules un lourd fardeau ; — la lune glissa justement, à ce moment, entre deux nuées qu'elle estompa d'argent : — ce fardeau avait une forme humaine perdue dans de longs vêtements ramenés jusque par-dessus la tête. Nous commencions à être singulièrement épouvantés, mais juge de notre effroi quand nous vîmes les porteurs de ce paquet s'avancer droit vers la vinaigrette où nous étions blottis. Un des hommes avait déjà la main sur la portière. Victoire poussa un petit cri de terreur. Un épouvantable juron lui répondit et, avec la rapidité de l'éclair, les mystérieux visiteurs avaient disparu, emportant leur faix ; la porte s'était refermée sans plus crier qu'en s'ouvrant. Nous aurions pu croire à un cauchemar, tant cette vision avait été rapide. Mais nous l'avions eue en même temps. Impossible de douter ! Bien que muets encore, nous roulions sous nos fronts la même pensée. Un crime avait été commis dans la maison voisine, et les assassins avaient projeté de cacher le cadavre là même où nous cachions nos amours.

— Partons ! me dit Victoire, j'ai peur maintenant.

— Le diable les emporte ! pensai-je. Car j'avais bien des choses à dire encore à ma bien-aimée et je suis comme les politiciens qu'un discours interrompu fait mourir de rage, à cela près que mon discours était joliment plus intéressant que les leurs.

IV

Partir nous fut d'ailleurs impossible. Deux autres hommes s'approchèrent que nous vîmes à peine, ceux-là, — car la lune avait remis sur son front d'argent sa mantille noire ; — en même temps, nous nous sentîmes soulevés et la vinaigrette se mit rapidement en marche dans l'ombre, nous emportant, sans que son poids eût paru étonner le moins du monde ceux qui s'étaient si inopinément glissés dans son double brancard. Pour le coup, nous étions absolument abasourdis. Que faire ?

Crier? Provoquer un scandale nocturne? Perdre à jamais Victoire et m'exposer, moi-même, aux inconvénients de l'inconnu? Il est des moments où l'inertie semble la seule ressource, où l'on espère, par une sorte de confiance aveugle, conquérir la pitié du hasard, où la volonté est si pleine de périls que la fatalité même ne se peut supposer plus redoutable. Nous n'avions plus l'énergie de rien tenter. Victoire, presque évanouie, s'était abandonnée dans mes bras et les tiédeurs vivantes de son corps charmant me ramenaient malgré moi aux amoureuses pensées. Quel que soit le destin qui menace, c'est autant de gagné sur lui que de respirer dans le même air que l'adorée, que de boire son souffle sur ses lèvres, que de frémir au toucher victorieux de sa chair. Heureux qui meurt dans ce rêve et exhale dans un baiser le dernier soupir!

La chose était d'ailleurs claire pour moi. La vérité m'était apparue bien nette. Ces hommes qui nous enlevaient étaient les complices des premiers. Ils étaient venus, obéissant à un ordre antérieur, pour emporter le cadavre, et c'est lui que, trompés par notre propre poids, ils croyaient véhiculer dans la nuit. Maintenant, où allaient-ils? Ils marchaient, marchaient toujours... quelquefois ils couraient. Que voulaient-ils faire de leur sinistre fardeau? Je m'aperçus seulement que nous passâmes une des portes de la ville. Je fus au moment d'appeler la sentinelle. Mais toujours la même terreur. Et Victoire? Victoire que son faiseur de quenelles de père croyait chastement endormie sous ses petits rideaux blancs! C'était à devenir fou. Cependant nous étions dans la campagne. Une nouvelle éclaircie se fit dans le ciel et je vis distinctement que nous marchions vers une eau pailletée d'argent : la Deule sans doute. On entendait le bruissement de la rivière. Ces misérables allaient précipiter, sans doute, la vinaigrette dans ce gouffre. Je voulus protester. Mais Victoire affolée, cramponnée à mon cou, m'étreignit si fort que ma voix mourut dans ma gorge et que mes yeux se fermèrent, tandis qu'une prière désespérée agitait mes lèvres froides...

V

— Pan ! après combien de temps fûmes-nous réveillés par le sursaut que nous causa la pose à terre de la vinaigrette ? Je n'en sais rien vraiment. Il est certain cependant que nous n'étions pas au fond de l'eau, mais dans une salle éclairée, une salle d'auberge, sordide, où des gens de mauvaise mine riaient et buvaient en remuant des ballots et des cruchons.

— Vous apportez madame Gervais ? dirent-ils aux deux hommes qui nous avaient trimballés à travers l'espace.

— Oui, firent ceux-ci.

— A l'ouvrage donc !

La portière s'ouvrit. Mais à peine nous aperçut-on, Victoire et moi, blottis au fond de la vinaigrette, qu'un véritable vacarme se fit. En même temps les lampes furent jetées à terre. L'obscurité complète nous envahit, et un bruit de sauve-qui-peut nous laissa bientôt seuls dans le silence. J'avais pu remarquer la direction de la porte ; je pris nerveusement la main de Victoire et l'entraînai. Un instant après nous étions dehors. Les nuages s'étaient dissipés et la nuit était claire. Par un pur miracle, nous pûmes retrouver notre chemin. Avant l'aube, elle et moi étions rentrés au logis.

Un mois seulement après peut-être, un article de journal me donna la clef du mystère auquel nous avions été mêlés. Cet article annonçait l'arrestation d'une bande de fraudeurs qui avait installé, dans un cabaret, à une très petite distance de la ville, un véritable entrepôt de marchandises de contrebande. Ils engloutissaient celles-ci dans un mannequin figurant une vieille femme malade et emmitouflée, qu'ils installaient au fond d'une chaise à porteurs, et, chaque matin, ils trompaient ainsi la surveillance de l'octroi, en lui promenant sous le nez, pour la faire entrer dans Lille, cette fausse paralytique à qui, disaient-ils, le médecin avait commandé des bains de vapeur. Ils appelaient, entre eux, cette monstrueuse poupée : Madame Gervais.

Ce me fut une véritable révélation. Tout s'expliquait ainsi, le mieux du monde, dans notre aventure. Heureusement que nous ne fûmes pas cités en justice, Victoire et moi ! Nous émigrâmes dans un kiosque à journaux que nous étions parvenus à ouvrir. Ce fut, au moins, un domicile stable sinon plus spacieux que l'autre. Mais bah ! L'amour est comme ces plantes obstinées qui fleurissent, au printemps, les trous abrupts et sans terre des murailles, si vivaces, si triomphantes au cœur même des ruines.

L'AIR DES MONTAGNES

L'AIR DES MONTAGNES

I

« Au demeurant, avait conclu l'illustre praticien, l'état de mademoiselle votre fille ne comporte aucune gravité; il est constitutif de ce que nos maîtres appelaient, avec plus de justesse qu'on ne le pense, des vapeurs. On le doit combattre par un double traitement — traitement moral, d'abord, dont les points essentiels sont la distraction et le mariage, — traitement physique concomitant et consistant dans la promenade dans un air pur et l'usage de l'anis après les repas. » Voilà ce que j'appelle une consultation. C'est que le docteur Cadet-Pépète était encore de la vieille souche des médecins à la Diafoirus, lesquels dissertaient volontiers du cas de leurs malades et feignaient de s'y intéresser quelque peu. Ceux d'aujourd'hui sont plus expéditifs et dissimulent moins le but secret et unique dont ils sont préoccupés. A peine leur client leur a-t-il décrit ses souffrances et leur demande-t-il ce que c'est, qu'ils lui répondent sans hésiter : — C'est vingt francs. Et si l'imprudent insiste en les interrogeant sur ce qu'il doit faire : — Les mettre sur la cheminée, répondent-ils sans hésiter un instant. Et voilà ce qu'ils nomment, entre eux, les progrès de la science. A ce compte, le docteur Cadet-Pépète était encore un ignorant.

Son arrêt n'en fut pas moins vivement commenté par M. et madame de la Brême, qui étaient venus tout exprès à Paris pour le solliciter en faveur de leur fille Antoinette, atteinte de dyspepsie mélancolique, au dire des médecins de l'endroit.

— Rien de plus simple que la promenade et l'anis en infusion, avait dit madame de la Brême.

— Oui, mais le mariage et la distraction? avait objecté son époux.

C'est qu'on avait peu de fortune dans la maison, ce qui rend mal commode l'établissement d'une jeune fille, même jolie comme Antoinette, et que la petite ville de Cotignac qu'habitaient ces braves gens n'abondait pas précisément en divertissements pour la jeunesse.

— J'ai une idée ! ajouta quelques instants après madame de la Brême.

Et elle se pencha vers l'oreille de son mari qui lui répondit :

— Je crois, en effet, qu'il reluque notre fille. Mais il est bien laid et, de plus, d'extraction bien médiocre. Son grand-père était métayer du mien et il est de ceux que la Révolution a enrichis en nous ruinant nous-mêmes.

— Ce sera une façon de rentrer dans nos biens, conclut madame de la Brême. Sa propriété est située sur une hauteur où l'air doit être exquis, et il passe l'hiver à Paris où il peut mener sa femme au bal et au spectacle.

M. de la Brême demeura pensif. La méditation est à la portée de tout le monde. Ses sujets seuls varient suivant la valeur intellectuelle de celui qu'elle envahit. La rêverie de M. de la Brême ne ressemblait en rien à celles de Blaise Pascal.

II

Celui dont ils avaient parlé et qui répondait au nom harmonieux de M. Nonette ne ressemblait, en effet, pas davantage à Apollon, mais il avait du bien et était, comme l'avaient deviné les époux de la Brême, fort amoureux de leur fille. Ce n'était pas d'ailleurs un mauvais homme ; il appartenait même à l'espèce de ces vainqueurs qui, sans en vouloir davantage aux vaincus, ne demandent qu'à vivre avec eux dans les meilleurs termes. Imaginez un de ces bourgeois généreux qui ont pardonné à la noblesse après avoir pris sa place. Il était même disposé aux concessions. Ce ne serait pas la peine d'avoir hérité d'un fesse-mathieu pour ne pas oser s'offrir une demoiselle de naissance. Il s'en était tenu jusque-là aux attitudes langoureuses et aux pantomimes désespérées, mais il n'attendait qu'un encouragement pour se déclarer. Malheureusement l'encouragement ne venait pas. A ses mines confites en respectueuses tendresses, mademoiselle Antoinette ne répondait qu'en lui montrant sa jolie nuque blonde, aux soyeux retroussis, et le salut de M. de la Brême équivalait à un joli : Mais fichez-moi donc la paix, animal!

Alors le pauvre Nonette rentrait mélancolique dans son opulente maison, sise au sommet d'une colline, d'où la vue était admirable pourtant. Il attelait à son cabriolet à quatre roues sa jument Œnone et il s'en allait, en la fouettant, au hasard, par les routes, comme pour fuir ses propres pensées et étourdir son chagrin dans une course folle. Beaucoup font ainsi qui s'imaginent vraiment engourdir leur peine et ne font que l'aviver davantage. Tels les chevreuils blessés qui, en se ruant, éperdus, dans les taillis profonds, se déchirent davantage aux broussailles et n'en perdent que plus de sang. Voilà qui montre bien le néant de toutes choses fors l'amour, d'où nous viennent toute vraie joie et toute irrémédiable mélancolie. N'eût-il pas mieux valu pour ce pleutre qu'il fût, comme ses aïeux, un simple vassal des nobles seigneurs de la Brême ? Il eût pu se glisser au château, dans quelque emploi modeste, et, là, voir tous les jours celle dont l'absence le faisait lentement mourir. Car, même sans en rien recevoir des faveurs interdites du déduit, c'est une douceur encore que contempler seulement et sentir dans le même air que soi l'amoureuse cruelle de nos rêves. Et puis, qui sait! Mademoiselle Antoinette était une fantasque... Ainsi pensait l'infortuné Nonette qui était, en même temps, un prétentieux. Aussi faillit-il tomber à la renverse de surprise et de ravissement tout à la fois, quand, un beau jour, en pleine rue de Cotignac, où il était descendu pour faire une emplette, M. de la Brême lui tira un grand coup de chapeau, madame de la Brême lui demanda affectueusement de ses nouvelles et mademoiselle Antoinette lui décocha un sourire dont un rocher eût été fondu.

— Quoi! mademoiselle Antoinette aussi était entrée dans le complot matrimonial?

— Eh bien, oui! Les six mois de vie parisienne l'avaient tentée.

III

Grand émoi au rustique palais du sieur Nonette. Les choses ont marché vite. Les deux cas où l'on se presse le plus dans la vie sont celui où l'on désire vivement une chose et celui où l'on a une pilule à avaler. Le premier était celui de M. Nonette, et le second celui de sa future. Car on en était aux fiançailles, et sa nouvelle famille à venir venait demander à dîner à l'heureux prétendant.

Avec le petit air protecteur de gens qui ont pris le parti de s'encanailler, avec la mine respectueuse d'une personne qui dit aux préjugés leur fait, monsieur, madame et mademoiselle de la Brême avaient envahi la maison et en faisaient sournoisement l'inventaire, durant que le propriétaire, affairé de les recevoir dignement, courait des cuisines à l'office, hâtant le service, surveillant la confection des plats, se mettant en quatre, ce qui est bien imprudent pour un homme qui va se marier.

Le repas fut aussi somptueux qu'il se peut faire à la campagne. La basse-cour tout entière avait été mise à sac, le potager dépouillé de toutes ses primeurs. A citer, entre tous, un plat de flageolets cueillis une heure avant d'être jetés dans un beurre à peine épaissi. On a tort de se moquer des gens qui trouvent supérieurs à tous les autres les produits de leur jardin. Allez donc comparer les légumes ainsi récoltés au moment même de la cuisson avec les plantes fatiguées que les goujats de la Halle tripotent depuis vingt-quatre heures! Oui, le repas fut exquis. M. et madame de la Brême, qui n'avaient chez eux qu'un ordinaire plus que modeste, se gonflèrent à se faire éclater. Mademoiselle Antoinette, pour oublier la laideur de son futur, avait été remarquablement intempérante à table. Quant à ce pauvre Nonette, la joie lui avait été un si puissant apéritif qu'il avait englouti les nourritures les plus immodérées. On nous la baille belle avec les amoureux qui ne mangent plus. Foin d'un cœur épris qui n'a pas pour voisin un bon estomac!

Ainsi lestés, ils se hissèrent comme ils purent dans le mylord (ainsi appelait-on, dans ce temps-là, les voitures découvertes à deux places) de M. Nonette, pour faire une promenade digestive dans les environs. La famille de la Brême occupait majestueusement le fond du cabriolet et Nonette, qui tenait à montrer ses talents de cocher après ceux de cuisinier, était monté sur le siège étroit, tournant ainsi le dos à sa bonne amie, aussi bien qu'aux proches de celle-ci. Et houp! clic! clac! La jument Œnone, qui n'avait jamais été aussi chargée, trouva la plaisanterie détestable.

4

IV

Vous ai-je dit, qu'avant de quitter la table près de laquelle il était sournoisement revenu, après avoir donné le bras à sa future belle-mère, pour rentrer au salon, Nonette éperdu avait avidement vidé le dernier verre que mademoiselle Antoinette avait effleuré seulement de ses jolies lèvres et laissé presque plein? Cela lui avait paru délicieux et cette folie est familière aux amoureux. Il ne s'était pas aperçu seulement du goût de la liqueur ainsi absorbée d'un seul trait et n'y avait respiré que le parfum de la bouche aimée. C'était cependant une forte décoction d'anis, que, toujours fidèle à l'ordonnance du docteur Cadet-Pépète, madame de la Brême avait mêlée au dernier vin servi à sa fille et que Nonette venait d'absorber inconsciemment.

Mais revenons à nos gens en promenade. M. de la Brême achevait de dire à sa femme : « Si vraiment l'air de ce pays est aussi pur qu'on le prétend, ce dont nous allons juger, toutes les conditions prescrites par le médecin sont remplies, et c'est chose conclue. » Madame de la Brême avait hoché la tête d'un air d'acquiescement, et mademoiselle Antoinette avait poussé un soupir résigné.

Est-ce ce soupir qui en avait appelé d'autres, comme font les hirondelles le soir en traversant l'air comme des flèches qui se cherchent? La nature est pleine de ces contagions exquises et mal définies. Mais le feu ne se propage pas plus rapidement le long d'une traînée de poudre. Sollicité ou non par le souffle sympathique de celle qu'il aimait, un souffle tout à fait gênant et intempestif gonfla le malheureux Nonette. On sait les propriétés propulsives et détonantes de l'anis. Appliquée à une cartouche de flageolets, cette amorce a des effets comparables seulement à ceux de la dynamite. En vain Nonette, conscient de la situation et de son derrière tourné vers la famille de la Brême, voulut prononcer le *quos ego!* virgilien et tenir tête (vous voyez bien la tête que je veux dire) à l'Eole souterrain qui déchaînait en lui ses fureurs. Inutiles efforts ! Il lui fallut démasquer son artillerie naturelle et le bombardement commença, inexorable, continu, impossible à arrêter. Le grincement des roues et les claquements de son fouet masquaient bien à peu près la rumeur de la canonnade. Mais ce n'est pas de bruit seulement que sont faites ces fusées intérieures. La Providence qui pense à tout a pourvu ces vents corporels d'une odeur considérable, probablement pour que les pauvres sourds puissent aussi en profiter un peu. Les premières bouffées, en heurtant en plein visage les museaux des deux vieux et le joli nez de mademoiselle Antoinette, leur causèrent à tous trois un sursaut d'étonnement. M. Nonette capable d'une telle vilenie ! Mais la persistance du parfum entretenu par le feu roulant dont le siège était celui même de leur cocher les dissuada de cette hypothèse malséante. Plus d'intermittences ! Une véritable fuite.

— C'est décidément l'air de la montagne qui sent comme ça, dit mélancoliquement madame de la Brême.

— Notre Antoinette n'en aurait pas pour trois mois à vivre ici! répondit son époux.

Tout fut rompu. M. Nonette en fit une maladie. Antoinette épousa un officier pauvre comme elle. Quant à M. de la Brême, il présenta à l'Institut un mémoire battant en brèche le préjugé qui assigne aux hauteurs une atmosphère plus pure. Il y insinua, entre autres choses, qu'on respire de moins en moins agréablement à mesure qu'on se rapproche de la lune.

Et vous avez vu que, dans certains cas, c'est la vérité.

BON EXEMPLE

BON EXEMPLE

I

Décidément le diable emporte les époux tragiques ! Tous ces cocus sanguinaires me font horreur. Je te leur en ficherais, moi, du crime passionnel aux assises, si j'avais l'honneur d'être juré ! Seulement j'ai toujours évité cet honneur, en fuyant consciencieusement, durant trente ans de fonctionnariat, la promiscuité des listes électorales. Le gouvernement qui se vantera de m'avoir fait voter sera un menteur. Je n'ai pas jugé non plus mes contemporains et cela vaut mieux, puisque je professe encore cette opinion subversive que les hommes n'ont jamais le droit de se juger les uns les autres, mais simplement de se rendre inoffensifs réciproquement. L'échafaud n'est, pour moi, que le dernier mot de la muselière. C'est une qualification moins noble que celle que lui avait trouvée de Maistre en l'appelant la pierre angulaire de la société. Ils m'amusent aujourd'hui avec leurs crimes passionnels ! Mais tout crime qui n'a pas le lucre pour objet a nécessairement pour motif une passion quelconque autre que celle de l'argent. Je veux bien que l'amour soit la plus noble. Malheureusement, c'est généralement l'amour-propre qui tue. Comment appellerez-vous, en effet, autrement, la monstrueuse idée que l'être qui vous a appartenu n'ait plus le droit d'appartenir à un autre ? Ce genre d'amour est une avance passionnelle ne méritant aucun intérêt. Je ne parle par des époux outragés qui tuent pour la galerie et vous me concéderez que ceux-là sont des plus misérables. Mais ceux même qui tuent pour une intime satisfaction de vengeance ne me sont pas plus sympathiques. L'amour cesse vraiment d'être noble et grand quand ce n'est plus soi qu'on sacrifie, même dans sa vie, même dans son honneur. Autant il est sublime de s'immoler soi-même à un grand sentiment, enthousiaste ou désespéré, autant le mérite est petit de lui immoler les autres : si petit qu'un châtiment est le seul salaire qu'il comporte. Faire abnégation des jours d'autrui est toujours facile. Dans cet ordre d'idées-là on n'ira jamais plus loin que Napoléon. Encore celui-ci versait-il, sur son pays, un peu de sa gloire sanglante. Mais en quoi le prestige de la France est-il rehaussé par le vacarme homicide que fait un cocu et par toutes ces hécatombes matrimoniales? En embourgeoisant l'amour, le mariage devrait, au moins, le rendre pacifique. M. Prudhomme fait rire sous le turban d'Othello. A ton bonnet de coton, vieille bourrique ! Et s'il crève à la place jumelle des cornes, sois franchement comique, pour avoir, au moins, les rieurs de ton côté !

Tenez! la lecture des feuilles publiques toutes pleines des attentats de ces maris grincheux — et je ne suis pas plus tendre pour les épouses assassines, même quand elles allient délicatement, comme madame Reymond, l'hypocrisie à la férocité — cette lecture d'un tas de meurtres odieux et inutiles me lasse tellement que je me réfugie en les vieux livres, voire en les vieux manuscrits dont chaque page jaunie s'éclaircit, une fois sa poussière envolée, comme un coin de ciel automnal d'où le brouillard s'évanouit. C'est un coin de pensées humaines qui se dégage de ces cendres légères et les grosses lettres noires qui s'équarrissent gothiquement entre les marges dentelées semblent des insectes longtemps enfermés, dont les pattes lourdes recommenceraient à remuer sous un soleil ressuscitant, hiéroglyphiques comme les caractères des monuments égyptiens. Faust, lui, s'acharnait aux manuscrits d'alchimie où les secrets de la pierre philosophale sont inutilement fouillés. Moi, je me complais aux vieux cahiers où sont contées des histoires d'amour. Le dernier que j'ai parcouru, pour me distraire de l'inexorable fait-divers, avait appartenu à la bibliothèque Laurentiana. Les aventures qu'il contenait étaient toutes du pays de Provence où, mieux que dans aucun autre, on sait aimer. Car sous le même ciel profondément étoilé, dans la même odeur d'orangers et de myrtes, à la sonore musique des mêmes cigales, sœurs des poètes, un peu du même sang coule encore qu'aux rives sacrées de l'archipel où vibra l'âme grecque, avec les cigales, les orangers et les étoiles ! Terre sacrée aussi que cette terre de Provence par ses légendes ensoleillées de tendresse et de gaieté.

Or donc, écoutez, victimes de mon érudition récente, l'étrange aventure de monseigneur Raymond de Roussillon, de madame Marguerite, sa femme, et de Guillaume de Cabstaing, fils d'un pauvre chevalier.

II

Et d'abord l'époque adorable que celle de ce conte ! L'amour fut le plus charmant et le plus païen des cultes aux rives de la Méditerranée et aux versants pyrénéens, avant que l'armée galeuse des croisés et l'abominable saint Dominique fissent la conquête de Toulouse. Culte un peu idéal peut-être, car il se composait d'une série de cérémonies, lesquelles nous paraîtraient aujourd'hui prodigieusement innocentes. On n'arrivait, en ce temps-là, qu'après un long stage à baiser seulement la main de sa maîtresse et souvent un pèlerinage de trois ans, en Palestine, était la condition de cette faveur. Les dames d'aujourd'hui ne vous en demandent pas tant pour vous en faire baiser beaucoup plus long, à moins qu'elles ne portent les mains au derrière. Et ce n'était pas tout. Ce n'était que le baccalauréat d'amour. L'avancement était très long pour passer, des grades ainsi obtenus, aux grades suivants, si bien que les amants qui n'étaient promus qu'à l'ancienneté avaient besoin de vivre aussi longtemps que les patriarches pour obtenir le bâton de maréchal que nous portons tous aujourd'hui dans notre giberne retournée.

Mais il y avait aussi l'avancement au choix, et tel avait été celui de Guillaume de Cabstaing dans le corps... Ah! diable! (mais « dans l'armée » serait plus inconvenant encore)... je dirai donc : « dans les faveurs » de madame Marguerite, femme du baron Raymond de Roussillon, « la plus belle femme que l'on cognut en ce temps et la plus douce de toute belle qualité », dit le manuscrit. L'entente s'était faite entre eux, le plus simplement du monde. — « Or çà, dis-moi, Guillaume, si une femme te faisait semblant d'amour, oserais-tu bien l'aimer ? » avait demandé la dame. Et Guillaume avait répondu, sans hésiter : — « Oui bien feray-je, madame, pourvu seulement que le semblant fût vérité. »

Or il paraît que le doute ne fut pas permis longtemps au galant écuyer. Comme la comédie au drame, le mensonge, en amour, confine à la vérité. Il est telle caresse qui ne trompe qu'à demi, puisqu'elle cause une immense joie, qu'elle vienne simplement des lèvres ou du fond du cœur. Et puis, ne sommes-nous pas constamment dupes de nos propres tendresses? Que de fois nous aimons sans le savoir et que de fois aussi nous croyons aimer sans avoir le droit de le dire? La seule illusion de l'amour est encore si belle qu'on est toujours excusable de la prendre pour la réalité. Un jour, la dame dit à Guillaume : — « Or çà, Guillaume, dis-moi, à cette heure, t'es-tu aperçu de mes semblants, s'ils sont véritables ou mensongers ? — Madame, répondit Guillaume, ainsy Dieu me soyt en aide, du moment en ça que j'ai été votre servant, il ne m'a pu entrer au cœur nulle pensée que vous ne fussiez la meilleure qui onc nacquyt et la plus véritable et en parole et en semblant ! »

Après cet échange d'idées, il fut convenu que ce n'était plus pour rire et par simulacre qu'on tromperait monseigneur Raymond.

Et tout de suite, avec une discrétion professionnelle digne de louanges, Guillaume commença à célébrer si haut, sur sa guitare, les charmes de sa bien-aimée, que tout le monde la reconnut et que monseigneur Raymond lui-même se fâcha des gorges chaudes dont il était l'objet. Mais ne croyez pas qu'il prit, pour cela, un couteau pour occire passionnellement l'écuyer et sa femme. C'était un chevalier très brave, couvert de blessures glorieusement gagnées à la guerre, et qui n'avait pas besoin de commettre des meurtres à domicile pour qu'on le prit au sérieux. Ce qu'il fit fut infiniment plus spirituel.

III

Ayant appris que Guillaume, à qui son médecin avait recommandé le grand air, était allé chasser l'épervier dans la montagne, monseigneur Raymond l'y alla rejoindre et, après quelques propos insignifiants dits au petit trot de leurs haquenées, lui demanda, à brûle-pourpoint, s'il n'était pas amoureux. Guillaume, dont la franchise défiait décidément toute épreuve, en convint avec une rondeur toute militaire ; mais quant à nommer l'objet de sa tendresse, il s'y refusa absolument, citant fort à propos l'avis du trouvère Bernard de Ventadour, lequel a écrit :

Cela ne me semble pas bonne doctrine,
Mais plutôt folie et acte d'enfant,
Que quiconque est bien traité en amour
En veuille ouvrir son cœur à un autre homme,
A moins qu'il ne puisse le servir ou l'aider.

Bien pensé, messire trouvère ! Le dernier vers surtout frappa le baron :

— Qu'à cela ne tienne ! fit-il à Guillaume, c'est justement pour te servir et t'aider que je te demande cela :

— Monseigneur est trop bon !... avait commencé à dire Guillaume abasourdi. Mais il reprit ses sens et pensa que le mieux à faire, en pareil cas, était de calomnier cyniquement une autre femme.

Et tranquillement il déclara, à monseigneur Raymond enchanté, qu'il mourait d'amour pour dame Agnès, sœur de madame Marguerite et femme de sire Robert de Tarascon.

A cet aveu loyal, monseigneur Raymond se frotta les mains, et avec un entrain vraiment affectueux pour son propre beau-frère par alliance, il jura à Guillaume qu'il l'aiderait de toutes ses forces à faire cocu le mari de dame Agnès. Et, de fait, sans perdre une minute, il l'emmena au château de Tarascon, qui était proche. Je laisse maintenant la parole au manuscrit: « Et monseigneur Raymond prit madame Agnès par la main ; il l'amena dans la chambre et ils s'assirent sur le lit. — « Maintenant dites-moi, belle-sœur, par la foi que vous me devez, aimez-vous d'amour ? — Oui, seigneur, dit-elle. — Et qui ? fit-il. Oh ! cela, je ne vous le dis pas et quel discours vous me tenez là ! » Quel ange que cette Agnès ! Ayant tiré aisément les vers du nez seigneurial de monseigneur Raymond, elle comprit qu'il s'agissait de sauver sa sœur et déclara qu'elle était folle de Guillaume, uniquement pour faire plaisir au jaloux. Mais quel archange que ce sire Robert de Tarascon ! Reprenons le manuscrit: « Dame Agnès conta tout à son mari et le mari lui répondit qu'elle avait bien fait et lui donna parole qu'elle avait liberté de tout faire et tout dire pour sauver Marguerite et Guillaume ! Agnès n'y manqua pas. Elle appela Guillaume dans sa chambre, tout seul, et resta tant avec lui que Raymond pensa qu'il avait eu, avec elle, le baiser d'amour. Et tout cela lui plaisait, et il commença à penser que ce qu'on lui avait dit de lui n'était pas vrai et qu'on parlait en l'air. Agnès et Guillaume sortirent de la chambre, la soupe fut préparée et l'on soupa en grande gaieté. Et, après le souper, Agnès fit préparer le lit des deux, proche de la porte de sa chambre et si bien firent-ils semblant et semblant, la dame et Guillaume, que Raymond crut qu'il couchait avec elle... »

J'arrête ici cette périlleuse citation. Le narrateur inconnu ajoute que : « Le lendemain, ils dînèrent au château avec grande allégresse, et, après le dîner, ils partirent avec tous les honneurs d'un noble congé. »

Eh bien ! mes compères, cela vaut-il pas mieux que de s'être entretués ? Les bonnes gens que voilà ! Et que pensez-vous de cette joie immense qui éclate dans un château parce que tout le monde croit que le châtelain est cocu ! Et ce châtelain lui-même, qui est plus content à lui seul, que tout le monde ! Et ces deux maris qui, comme deux augures, ne peuvent plus se voir sans s'esclaffer ! Ne voilà-t-il pas un plus joli monde que le nôtre ! Le bel exemple à donner à nos jaloux !

Vous me direz que c'est de cette même Provence ensoleillée que nous vient le conte tragique du mari faisant manger en ragoût, à sa femme, le cœur de son amant. C'est possible ! mais si vous saviez combien les sauces provençales sont bonnes, vous seriez convaincus qu'elle-même ne lui en voulut pas !

ACHILLE

ACHILLE

I

— « La bouche d'airain de la renommée... », venait de lire M. Badois qui nous donnait à haute voix un aperçu de son journal.

— Isidore, taisez-vous, mon ami ! interrompit doucement madame Badois.

Et elle ajouta à l'oreille de madame Navarin :

— Ces littérateurs sont d'une inconvenance ! « La bouche des reins ? » Mais c'est...

Madame Navarin rougit jusqu'aux oreilles. Mais un grand vacarme fit diversion. Madame Badois sortit vivement. On entendit, à l'étage supérieur, le bruit d'une lutte et d'horribles clameurs enfantines.

— C'est Achille qui aura encore assommé son petit frère, dit très philosophiquement M. Badois et comme s'il s'agissait d'une chose absolument naturelle.

Des trépignements de pieds ébranlèrent le plafond. Puis un silence. Quand madame Badois rentra, elle avait une joue très rouge et les cheveux en désordre.

— Qu'as-tu, ma chère? lui demanda son époux.

— Oh! rien. Achille qui m'a donné un soufflet parce que je voulais lui faire entendre raison.

Et elle se rassit. Mais la porte s'ouvrit avec fracas et un jeune polisson d'une demi-douzaine d'années en jaillit, armé d'un manche à balai qu'il secoua dans tous les sens, à tort et à travers, en poussant des cris de fureur.

— Achille, mon mignon! calme-toi! s'écria M. Badois en cherchant à désarmer le drôle. Mais sa femme avait déjà reçu un énorme coup sur l'œil, et madame Navarin étouffait à grand'peine les premières fusées rouges d'un saignement de nez provoqué par un horion. Jacques se frottait un tibia et moi-même je me sentais le dos affreusement meurtri. Maître enfin de son fils, M. Badois l'entraîna dehors et madame Badois se contenta de nous dire, en manière d'excuses :

— Nous ne pourrons jamais faire de ce cher enfant qu'un militaire.

— Quelle pétulance! répondit Jacques en s'adressant à moi.

Madame Badois mit ses deux mains sur ses yeux, dans une pose de pudeur exquise et d'un ton de doux reproche :

— Oh! monsieur Moulinot! fit-elle. Que c'est vilain ce que vous dites là !

Et madame Navarin rougit une seconde fois, jusqu'aux oreilles.

II

— Y comprends-tu rien? dis-je à Jacques, une fois sortis. Voilà un homme essentiellement débonnaire, doux jusqu'à la bêtise. Car, ce Badois, on lui pourrait manger la laine sur le dos, comme disent les dictionnaires. — Fichue expression, de toi à moi ; car ce qu'on mange dans le mouton, c'est les côtelettes et non la laine. Mais passons! Voilà, d'autre part, une femme, la sienne, dont le caractère n'est pas moins calme, moins accommodant que le sien, et qui semble avoir été faite exprès pour lui, comme on pose sur une même tablette deux gâteaux de miel égaux l'un à côté de l'autre. Et de cet accouplement tranquille, de cet hymen si bien assorti et pondéré est sorti ce turbulent personnage, cet Achille, ce monstre!

Jacques eut un sourire qui m'agaça.

— Non, monsieur, lui dis-je encore sévèrement. Votre scepticisme moqueur est ici en défaut. Madame Badois est une femme parfaitement honnête, jamais elle n'a songé à tromper cet imbécile tentant cependant, et bien qu'elle soit, à mon goût, fort agréable, je répondrais sur ma tête de sa vertu.

— Ce n'est pas, en effet, ta tête qui serait en jeu, reprit mon camarade, et tu ne risquerais pas grand'chose. Mais rassure-toi et rengaine ton serment. Bien que peu crédule en matière de fidélité conjugale, j'admets, à la rigueur, que madame Badois se fait faire ses enfants chez elle, ce qui est le cas de bien des femmes plus vraiment nonchalantes que réellement éprises de leur mari. Achille est né du devoir et non du plaisir. Soit! Quoique ce soit être raisonnable bien jeune que de l'être dès le ventre de sa maman. Tu vois que nous sommes d'accord.

— Eh bien, alors, pourquoi ce rictus déplaisant?

— Parce que je sais à merveille, moi, d'où Achille tient ce tempérament diabolique, impétueux, agresseur et impossible à dompter.

— Tu vas me le conter, j'espère.

— Soit! mais à la condition que tu le garderas pour toi et les lecteurs de ce livre, bien entendu, lesquels sont gens discrets et dignes de tout entendre. Car il ne s'agit pas d'attrister un homme que tu aimes et estimes singulièrement, un de tes grands anciens à l'école, le brave commandant Laroze.

— Non, certes! Le plus vaillant homme de guerre et le plus loyal soldat que j'aie jamais connu. Mais comment peut-il se trouver mêlé à l'histoire de la famille Badois, qu'il ne connaît pas et dont il n'est pas connu?

— C'est ce que je vais t'apprendre.

III

— Et d'abord, poursuivit Jacques, as-tu vécu dans l'intimité de cet excellent Laroze?

— Jamais. Nous nous sommes rencontrés à des punchs, chez des amis communs, et il m'a été, du premier coup, tout à fait sympathique. Je savais, de plus, qu'il s'était conduit comme un héros sur les champs de bataille et que néanmoins sa carrière avait été traversée par mille tracasseries administratives, qu'on avait été, à une certaine époque, jusqu'à vouloir lui faire donner sa démission. Je n'en éprouvai que des sentiments meilleurs pour un officier dont le mérite faisait sans doute des jaloux. Car si cette persécution était un fait notoire, tout le monde était muet sur les causes qui l'avaient provoquée.

— Et tu n'en sais pas plus long?

— Non!

— On ne t'a jamais dit que ce beau et brave garçon, d'une nature exubérante et d'une gaieté communicative, tombait quelquefois dans d'épouvantables tristesses, qu'il fuyait alors ses camarades, devenait intraitable, et, ce qui est plus grave, saisissait toutes les occasions de se dérober au service, s'enfermant chez lui, alléguant des maladies invraisemblables aux moments même où sa santé semblait le plus florissante, sourd aux conseils de ses chefs qui le suppliaient de ne se pas nuire à lui-même par cette étrange conduite?

— Je savais qu'il offrait quelques bizarreries de

caractère, mais chacun est bien libre de garder le tempérament dont il est naturellement doué. D'ailleurs il avait peut-être quelque sujet de tristesse inconnu ?

— Tu n'y es pas !

— Quelque déception de fortune dont il n'avait pris qu'à moitié son parti ?

— Pas le moins du monde.

— Quelque amour inconsolé dont la blessure saignait par intermittences ?

— Encore moins. Mais ne cherche pas davantage ce qu'il avait. Tu ne trouverais pas. J'aime mieux te le dire tout de suite. Il avait...

— Quoi donc ?

— Il avait du lait

Je regardai Jacques avec stupeur. Mais il reprit très simplement et nullement sur le ton de la mystification :

— Ce n'est pas le premier homme sur qui ce phénomène ait été remarqué. Des médecins de l'antiquité l'ont constaté à plusieurs reprises, et de modernes praticiens ont fait des mémoires à ce sujet. L'homme peut n'être pas simplement un mammifère platonique. Cruveilhier cite un jeune garçon qui pouvait donner un demi-litre de ce liquide bienfaisant par jour. Ledit liquide était d'ailleurs d'excellente qualité et de même composition chimique que celui de la femme. Ce pauvre Laroze ne pouvait commettre la moindre faute sans se trouver, neuf mois après environ, fort engraissé des pectoraux, lesquels devenaient pesants, douloureux par le bout et comme tuméfiés. Puis sa chemise se tachait de jumelles épaisseurs, et il avait grand'peine à réprimer le torrent nourricier dont il se sentait envahi. C'est alors qu'il fuyait ses compagnons et devenait incapable d'aucun exercice professionnel, sans parler de la mélancolie où le jetait cet état et qui faisait craindre parfois qu'il n'attentât à ses jours. Frictions au persil, purgatifs salins ne le débarrassaient qu'à la longue de cette infirmité gênante pour un militaire, et ce n'était jamais sans que sa santé générale en fût altérée. Un capitaine d'artillerie... il était alors capitaine... ne peut cependant pas vivre comme une nonnain et s'obstiner aux ridicules d'une volontaire virginité.

— Le suicide vaudrait encore mieux, hasardai-je.

IV

— Il était alors, reprit Jacques, en garnison à la Fère-en-Tardenois (on lui donnait toujours les plus sales garnisons du continent) et il venait d'avoir une crise plus forte que toutes les précédentes. Il avait dû consulter un médecin civil de la localité, en ayant assez des balivernes des chirurgiens militaires. Cet Esculape provincial n'était pas un sot et trouva, du premier coup, ce qu'un enfant de dix ans aurait pu imaginer comme lui. — « Capitaine, fit-il, vous n'avez qu'une façon d'en sortir, c'est de prendre un nourrisson. » Le pauvre Laroze sauta en l'air. — « Et où voulez-vous que je m'en procure un ? » demanda-t-il avec angoisse. — « Cela me regarde, reprit le docteur. Nous avons ici beaucoup de nourrices et je me fais fort d'en avoir une, dès demain, qui sera charmée de se décharger sur vous d'une partie de sa fatigante occupation. » Le bon médecin tint parole. Deux jours après, il avait procuré à son client le gosse dont la soif lui devait procurer un soulagement. M. et madame Badois avaient mis précisément leur fils Achille en nourrice à la Fère et ce fut le premier enfant qui prit le sein du capitaine, et celui qui le garda le plus longtemps, car bientôt la chose s'étant ébruitée dans le camp des paysannes à qui des citadins avaient confié l'élevage de leur progéniture, il n'en fut plus une à court de lait qui ne recourût à celui de Laroze. On remarqua bientôt que tous ces galopins étaient vigoureux et batailleurs comme des diables. Achille en est un des échantillons les mieux réussis, et cela n'a rien qui doive surprendre. C'est un fait avéré que la nature du lait influe sur le tempérament du nourrisson, et c'est très justement au point de vue physiologique que Phèdre se demande si Hippolyte n'a pas sucé du lait de tigresse. Dans toutes les garnisons qu'il parcourut ensuite, Laroze dut recourir au même expédient, ce qui nous promet une génération de gaillards pas commodes à vivre.

— Et de vaillants soldats, ajoutai-je martialement.

UNE DEMANDE EN MARIAGE

UNE DEMANDE EN MARIAGE

I

Dans un quartier du beau Paris, mais non dans une des rues les plus passagères, la haute maison s'élevait, silencieuse tout le jour, avec ses persiennes constamment fermées, d'où pendait quelquefois une fleur profanée, mystérieuse seulement pour les fillettes innocentes qui lui lançaient, en passant, un regard curieux, tandis qu'un sourire obscène s'échangeait, sur le trottoir, aux lèvres des badauds.

N'en attendez pas de plus longue description : j'ai résolu d'être inexorablement chaste dans le mélancolique récit d'une aventure singulière et qui me laissa un souvenir ému plein de poésie. J'ai beaucoup hésité à la conter, mais j'espère y parvenir cependant, en laissant le décor dans une ombre absolue pour n'en chercher que la psychologie, et, comme cette histoire est absolument vraie, j'espère qu'elle intéressera tous ceux qui, comme autrefois le Christ, sont cléments aux plus misérables créatures. Encore une confession et qui n'est pas le moins difficile : nous étions trois ou quatre compagnons de jeunesse qui passions là de longues et fréquentes heures avec l'excuse de nos vingt ans et de cette griserie des sens qui fait oublier à cet âge, non pas seulement les soucis de la morale, mais même les légitimes susceptibilités du dégoût. J'oserai donc réclamer pour nous l'indulgence des Latins pour ce genre de faiblesse et je rappellerai aux sévères, après Plutarque, ce mot du vieux Caton à un adolescent qui, surpris au seuil d'un de ces temples de Vénus Meretrix, rougissait devant lui : « Apprends, mon fils, que la honte n'est pas d'y entrer, mais de n'en pas savoir sortir. » Je ne veux parler, d'ailleurs, que d'un seul d'entre nous.

II

Fernando, — je ne vous dirai que son prénom, — a laissé, bien que mort jeune, dans la mémoire de tous ceux qui l'ont connu, une figure impérissablement debout. Je le revois encore tout pareil au beau portrait de Raphaël que possède notre Louvre; front pensif qu'encadrait une admirable chevelure blonde, avec des yeux bleus et toujours mouillés de rêverie, des traits d'une délicatesse presque féminine et ce sceau de mortalité prochaine, qui semble, si le proverbe antique est vrai, un mélancolique sourire des dieux. Originaire du fond de l'Espagne, il y avait perdu sa mère de la poitrine et lui ressemblait avec l'insistance cruelle des fatalités. Venu à Paris pour étudier, il s'était passionné pour nos grands écrivains, et je dois dire qu'il n'est pas un de nos poètes qui le fût plus profondément que lui. J'ai précieusement gardé, comme des reliques, les vers épars dans les longues lettres qu'il m'écrivait, vers français où se sentaient les hésitations d'un idiome étranger, mais pleins cependant d'une saveur extraordinaire, vers d'amour poignants, comme des cris de tendresse. J'ai souvent rêvé de les publier pour dresser un monument timide à sa mémoire. Si je ne l'ai pas fait, c'est que je crains qu'il faille, pour les bien goûter, l'avoir connu lui-même et approfondi sa sincérité. Pour unique parent à Paris, il avait un frère plus âgé que lui, ingénieur distingué, d'un tempérament beaucoup plus réfléchi, et qui l'aimait avec des protections passionnées, sans le comprendre cependant tout à fait, je crois. La tâche de ce mentor était d'ailleurs simple, les médecins lui ayant recommandé, avant tout, d'éviter toute contrariété réelle, toute émotion douloureuse surtout, à notre fragile ami.

III

Et maintenant, comment cet être d'élite, cette créature faite d'admirables délicatesses et de sublimes besoins d'idéal, comment ce cœur de lévite, comment ce garçon dont le cerveau était comme un magnifique jardin de lis, s'était-il fait le camarade de nos heures débauchées, à nous âmes de ribauds débordant d'adolescentes sensualités ? Plus simplement que vous ne le pouvez croire. C'est qu'il possédait, comme tous les vrais poètes, le secret de transformer tout ce qui heurtait ses yeux, portant en lui des paradis qu'il jetait sur ces géhennes comme des manteaux de pourpre sur la boue des chemins, peuplant des divines images de sa pensée les repaires étonnés de l'abjection et de l'infamie. C'est que ce qui était réalité pour nous, réalité affreuse mais inexorablement tentante, était rêve pour lui, rêve étoilé dans lequel il marchait enveloppé de lumière, invulnérable aux flétrissures dont nous nous soûlions. C'est que nos parts étaient différentes dans le lot commun. Où nous cherchions la chair, il cherchait la beauté ; où nous trouvions le plaisir, il rencontrait l'amour. Oui, l'amour. Etait-elle autre que ses compagnes, celle qui lui devait donner cette humiliante joie ? Vous le verrez plus loin. Comme impudeur elle était toute pareille ; elle n'était ni plus ni moins souillée. C'était donc un indicible besoin d'aimer et non pas une sélection raisonnée, ou même instinctive, qui lui avait mis au cœur cette folie. Et puis, c'est que, comme tout le reste, il la voyait autrement qu'elle n'était, avec des ailes d'ange blessées, fleur poussée au fond d'un abîme, âme à relever par le généreux pouvoir des pardons. Le mal ne fut pas plutôt fait qu'il devint immense. Car, en sa qualité d'Espagnol, il était catholique fervent, et devait, en vertu de l'inflexible logique des passionnés, aboutir au plus inconcevable projet.

IV

Il ne nous en dit rien, à nous, plongé qu'il était dans d'ineffables délices, avec des battements de cœur quelquefois, cependant, qui nous faisaient peur. Il était d'ailleurs beaucoup moins avec nous, et il y avait quinze jours au moins que nous ne l'avions vu, quand Marcel — son plus cher ami — et moi nous reçûmes une lettre de son frère nous priant de le venir voir au plus tôt. Celui-ci était très ému quand il reçut notre visite et sa voix tremblait quand il nous dit :

— Messieurs, vous savez ce que Fernando veut faire ?

— Non, monsieur, lui répondîmes-nous très sincèrement.

— Eh bien, il veut épouser cette...

Les larmes étouffèrent sa parole et nous étions nous-mêmes atterrés.

— Nous l'en empêcherons bien ! nous écriâmes-nous en même temps, Marcel et moi.

Mais lui, sur un ton de résignation qui faisait mal :

— Non ! vous ne l'en empêcherez pas, ni moi non plus. Ce serait risquer de le pousser à quelque résolution fatale à sa vie. Vous ne le voulez pas et je n'en ai pas le droit. J'ai charge d'âme. Depuis hier qu'il m'a dit sa résolution, j'ai passé des heures épouvantables, mais mon parti est pris. C'est une chose affreuse, mais qui vaut mieux qu'un remords éternel. Il l'emmènera en Espagne où nul ne la connaîtra, dans un pays où ses façons ne choqueront personne, parce que les mœurs françaises y sont mal connues. Elle portera son nom... le nom de notre père...

Et le malheureux s'arrêta encore. Mais il reprit bientôt :

— Je vous ai fait venir, messieurs, pour vous demander un singulier service. Vous connaissez cette... personne et vous devez comprendre que le courage me manque pour aller lui parler de cela. Il faut cependant savoir si elle consent à renoncer à la vie misérable qu'elle mène et quelles sont ses intentions, une fois instruite du consentement que je donne à ce malheur. Veuillez vous rendre tous deux auprès d'elle et m'en instruire ensuite.

Nous fîmes un signe de tête, n'ayant pas la force de parler, devant l'inattendu de cette proposition.

— Au revoir, fit-il. Et, nous serrant fiévreusement la main, il rentra à pas précipités dans son cabinet de travail.

V

Ainsi nous étions chargés d'une demande en mariage en règle ! Et où, grand Dieu ! Et à qui ! Quand nous sonnâmes à l'huis décrié, il pouvait être trois heures. On nous introduisit dans un grand salon obscur et nous demandâmes celle à qui nous avions à parler. Un instant après, des pas légers dans l'escalier, et elle apparut dans le déshabillé réglementaire avec le sourire de rigueur sur les lèvres et la fausse gaieté commandée dans les yeux. Mais, en nous apercevant, elle devint très pâle :

— Vous venez de la part de Fernando? dit-elle, la gorge serrée par l'émotion.

— Oui, mademoiselle, lui répondîmes-nous en nous inclinant. Car, tout ce que notre démarche pouvait avoir de grotesque ayant disparu pour nous dans l'extraordinaire gravité de ses résultats possibles, nous avions pris l'attitude correcte de parents délégués pour demander une main. Nous étions, Dieu me damne, tout de noir vêtus avec des gants, ce qui était un comble en ce temps-là.

— Alors, attendez-moi un instant, fit-elle. Et, devenue grave elle-même, plus grave que nous, elle se retira vivement.

Quand elle revint un quart d'heure après, elle était très décemment vêtue d'une robe noire, et le fard avait disparu de son visage dont l'expression avait absolument changé. Elle nous dit :

— Parlez !

Et, s'asseyant, elle croisa ses deux mains sur un de ses genoux comme la Sapho de Pradier, impénétrable dans sa pensée, muette et comme abîmée dans d'obscures méditations.

VI

Et nous avions achevé de lui dire l'objet de notre mission qu'elle demeurait dans la même attitude, toujours silencieuse, sans avoir trahi une seule impression de surprise ou de plaisir. Etonnés nous-mêmes, nous lui parlâmes alors de l'amour profond que Fernando avait pour elle, de tout ce qu'il avait souffert, de sa vie tout entière, vie si noble et si pure, dont il lui confiait le fragile bonheur.

Elle continua de nous écouter sans nous répondre, mais des larmes coulaient sur la soie de son corsage et jusque sur ses mains enlacées.

Et comme nous avions épuisé le sujet inépuisable pourtant de la passion que notre malheureux ami lui avait vouée et que, muette toujours, elle n'avait pas même relevé les yeux vers nous :

— Mais enfin, lui dis-je, vous savez qu'on craint qu'il n'attente à ses jours, tant il est anxieux et désespéré ! Que devons-nous lui répondre ?

Alors elle se leva, nous regarda bien en face et laissa lentement tomber ces paroles de sa bouche :

— Vous lui répondrez qu'il vaut mieux se tuer que d'épouser une femme comme moi.

Et simplement, mais d'un mouvement dont je n'oublierai jamais la grandeur tragique, elle nous salua et disparut, nous laissant sous une des émotions les plus vraies que nous ayons jamais ressenties. Car, un moment, elle avait été plus chastement belle que toutes les madones.

. . . .

Une heure après elle avait quitté la maison, sans qu'on pût savoir où elle allait. Un an plus tard, Fernando, qui avait abandonné Paris sous prétexte d'oublier, mourait à Liège d'une maladie de langueur. Le choix d'un climat absolument contraire

6.

à sa santé avait fait de son départ un véritable suicide, un suicide catholique sans mort violente. Il y a quelques jours, Marcel et moi nous nous rappelions longuement cette aventure.

— Qu'en penses-tu aujourd'hui? me demanda-t-il.

— Je pense, lui répondis-je, que beaucoup sont morts pour des femmes qui ne valaient pas celle-là.

NUIT BOURGEOISE

NUIT BOURGEOISE

I

Ce n'était pas un imbécile ordinaire que M. Gaspard Dutrou : car l'espèce comporte un nombre considérable de variétés. Il appartenait à la moins commune, celle des imbéciles qui ne sont pas des ignorants, mais qui n'en sont que plus redoutables. Flaubert a immortalisé le type dans *Bouvard et Pécuchet*, ce véritable livre de chevet qui ne vaut pas moins que *Don Quichotte*. Mais voilà. Comme il était l'auteur de *Madame Bovary*, le public l'a voulu lire comme un roman, et, comme il n'y a trouvé que fort peu d'aventures, il ne s'y est pas intéressé. Mais dosez-en la dégustation par petits nombres de pages et vous me remercierez du plaisir que vous aura valu mon conseil. Montaigne doit être lu ainsi. Quant à Rabelais, j'estime qu'on s'en doit abreuver largement, dans toute sa longueur, comme d'un fleuve, pour en bien apprécier la géniale conception.

Pour en revenir à *Bouvard et Pécuchet*, ou plutôt à Bouvard et à Pécuchet, ils vous donnent l'impression de gens fort bêtes, néanmoins estimables puisqu'ils sont sincères, et néanmoins encore prodigieusement instruits puisque Flaubert leur a donné son érudition qui était considérable. C'était absolument l'impression que donnait aussi M. Gaspard Dutrou, ce qui prouve que tout s'acquiert ici-bas, excepté l'esprit.

Comme ses illustres modèles, il se tenait fiévreusement aux écoutes de toute invention nouvelle, lisait furieusement les journaux scientifiques et ne laissait pas passer la moindre découverte sans s'en farcir la cervelle. C'est dire que, dans celle-ci, comme dans les pâtés de foie gras médiocres, il n'y avait plus que de la farce. De la farce et quelques racines, sans doute ; car tout ne passait pas sous son front, et celui-ci était très abondamment planté au dehors, Madame Dutrou, née Gay, ce qui lui faisait mettre sur ses cartes, impertinemment pour son mari : « Madame Dutrou-Gay », profitant des nombreuses absences de son mari pour faire de sa tête un véritable portemanteau. C'est que, pour se consacrer aussi exclusivement à l'avenir scientifique et industriel de son pays, il vaut mieux rester célibataire.

Et madame Dutrou-Gay n'était pas blâmable le moins du monde. Plus jeune que son mari, elle était, sinon jolie, au moins très appétissante, blonde blanche, grassouillette et surtout fondamentale, qualité que j'aime voir les femmes partager avec les vérités. On lui faisait donc beaucoup la cour et elle n'avait qu'à choisir entre les godelureaux toujours empressés aux amours économiques des petites bourgeoises mal surveillées. Harpagon jeune faisait le plus grand cas de l'adultère et je sais de bons jeunes gens, encore aujourd'hui, qui estiment que la station de la Garenne est la plus agréable des environs de Paris. Madame Dutrou-Gay ne chômait donc pas. Elle vous cocufiait intrépidement son homme et sans le moindre remords. Mais comme elle était de bonne nature et d'équité originelle, elle ne se croyait pas obligée d'être, pour cela, comme beaucoup le sont, acariâtre et déplaisante avec lui. Au contraire... Dans un sentiment de justice dont les manifestations étaient d'autant plus douces à son mari qu'il en ignorait les douloureuses compensations, elle faisait tout pour lui faire oublier ce qu'il ne savait pas... comme il eût mieux valu, pour lui, lui faire oublier ce qu'il savait !

Et plus elle l'avait trompé dans la journée, plus elle était avenante à son retour, ayant pour lui des attentions frisant la chatterie, des gentillesses dont il était justement touché. Car il y a encore lieu d'être très content quand on nous indemnise du tort, ignoré surtout, qu'on nous cause, et le monde où l'on paierait librement ses dettes serait un monde idéal... au moins pour ceux qui ont prêté. Oh! gentillesses, attentions et chatteries d'un caractère particulièrement innocent et prodiguées plutôt à table qu'au lit où M. Dutrou, éreinté de ses promenades à travers l'activité humaine, ne s'étendait que pour ronfler, à moins qu'il ne s'y agitât déplorablement dans quelque rêve d'inventeur dont son sommeil, laborieux encore, était hanté.

II

Depuis quelques jours M. Dutrou était plus préoccupé encore que de coutume. C'était visiblement depuis qu'il avait lu, dans les feuilles, l'annonce du « clou » formidable qui doit faire enrager l'Allemagne à notre future Exposition universelle de 1900. Dieu sait ce que la Tour Eiffel nous a valu de haine de l'autre côté du Rhin. Ce sera bien autre chose en 1900. D'autant que nos bons amis de Berlin auront, en ce moment-là, eux-mêmes, au ventre une Exposition universelle rentrée, ce qui est rudement indigeste. Le moment ne sera pas bon, pour nous, de nous aller tranquillement promener sous les arbres d'*Unter Linden* où toutes les moustaches jaunes se hérissent déjà à la vue d'un Français. Avec quel enthousiasme cet excellent Dutrou, qui est patriote, avait lu le projet dans tous ses détails ! Il savait déjà les constructeurs qui y devaient concourir et il avait commencé de les interviewer à la journée, ce qui le faisait prendre pour un journaliste par les bons garçons, pour un espion par les autres. Et il lui fallait garder, pour lui, toute l'érudition pratique qu'il accumulait, madame Dutrou-Gay lui ayant absolument défendu de lui parler de choses qui ne l'intéressaient pas. Il en éclatait positivement, le pauvre homme, et, si les songes ne l'eussent un peu soulagé la nuit en lui ouvrant leurs fantastiques soupapes, il se fût fendu certainement comme une chaudière surchauffée.

Or, ce soir-là, il paraît que madame Dutrou-Gay avait beaucoup à se faire pardonner ; car elle était de l'humeur charmante des amoureuses repues et avait confectionné, pour son mari, de petites gourmandises dont elle le savait particulièrement friand. Oh! n'allez pas croire à des pâtisseries savantes et compliquées s'échafaudant dans la transparence ambrée des caramels, avec des yeux d'amandes blancs et nougatins, comme étaient ces fameux croque-en-bouche qui furent la joie de mon enfance et qu'on ne trouve plus qu'aux repas de noces de la Porte-Maillot, — c'est la seule chose qui m'ait quelquefois donné l'envie de me marier, — ni à des rocamboles truffées où des chiens de race semblent avoir laissé leur nez noir, ni à des crèmes que la main semble avoir fouettées dans une mer à la vanille, ni à de mignons gibiers suant leurs aromes sur de petits canapés de pain. Non! non! madame Dutrou-Gay ne dédaignait pas, pour son propre usage, ces gobichonnades coûteuses et s'en plantait volontiers au creux de l'estomac, quand elle déjeunait sournoisement en cabinet particulier avec des amoureux. Mais lui, Dutrou, avait, comme tous les vrais savants, des goûts infiniment simples, et ses régals, un peu d'un maniaque, étaient d'une sobriété presque raffinée. Ainsi partageait-il le goût suranné d'Esaü pour les lentilles et lui eût-il sacrifié, comme l'autre, son droit d'aînesse, s'il n'avait été le cadet de la famille. Donc, en rentrant, ce soir-là, il eut l'odorat, tout de suite, caressé par le fumet de son plat favori compliqué d'un arome de lard chaud qui s'y mariait à merveille. Ne vous moquez pas de lui. C'est canaille, mais c'est excellent.

— Eh bien, mon chéri? lui demanda madame Dutrou-Gay, es-tu content de moi?

Il n'y avait pas de quoi, au fond; mais il le lui affirma tout de même, et en toute sincérité. Le dîner fut gai et affectueux, avec quelques petites somnolences bien gagnées de madame et un excellent appétit de monsieur qui avait pris beaucoup d'exercice aussi.

— Oh! fit-il tout à coup en demeurant en contemplation véhémente devant la dernière cuillerée de son plat favori qu'il venait de verser dans son assiette.

Et il montra à sa femme une lentille vraiment phénoménale de grosseur, aussi pesante qu'un soissonnais, un géant de lentille, le farineux honneur d'un nombre infini de boisseaux.

Et, pendant que madame Dutrou-Gay riait comme une folle, en ne pensant à rien du tout, sinon à ses diurnes amourettes, lui, admirait, s'extasiait et, finalement, engloutissait la lentille gigantesque, sans la mâcher, comme un voleur avale un diamant. Et une vague pensée de génie illuminait son front symboliquement bossué.

III

Un décor lyrique et somptueux ne conviendrait pas à cette simple et plébéienne histoire. Nous voici maintenant dans la chambre à coucher du ménage Dutrou, livré lui-même au sommeil, dans un lit commun mais catégoriquement séparé, sans enlacements affectueux, comme dorment les gens qui se sont aimés. Madame, par goût, occupe la ruelle, ce qui la contraint à enjamber monsieur, quand elle éprouve quelque besoin de promenade. Elle le fait d'ailleurs avec une dextérité de mouvements extrêmes, la tête tournée vers le pied du lit, une main plantée dans le matelas, de chaque côté des jambes du dormeur, à la hauteur des genoux environ, et manœuvrant le plus lourd de sa propre personne, au-dessus du visage de celui-ci, sans même l'effleurer bien entendu, chemise retroussée aux reins, d'ailleurs, pour en éviter le frôlement à ses joues.

— Pan !

Au milieu de cette opération, brusquement madame Dutrou-Gay se retourne et applique un formidable soufflet à son époux. Ça fait : Pan! aussi ; mais le timbre est tout à fait différent.

— Hein ! hein ! hein ! fait le pauvre homme, brusquement réveillé et sur le ton dont on crie : A la garde ! Puis se rassérénant, à la vue de sa femme :

— Qu'est-ce que je t'ai fait, bobonne ?

— Vous ne vous entendez donc pas ?

— Ah ! pardon ! mais je rêvais. Je vais te dire. Je rêvais que j'étais en 1900, à l'observatoire où sera installée l'énorme lunette qui permettra de toucher, pour ainsi parler, de l'œil à la lune ; et, y apercevant un coin boisé, je tirais une fusée pour voir s'i s'en envolerait des oiseaux.

— Alors vous avez pris ma lune pour...

— Pour l'autre, j'en conviens, ma chérie. Mais pardon ! je me croyais à deux mètres, la plus petite distance où on la verra, avec cette énorme lentille...

— Ah ! c'est cette grosse lentille ! Eh bien, mon ami, je vous jure que vous n'en mangerez plus !

IDYLLE GASCONNE

IDYLLE GASCONNE

I

Celle-ci me fut contée sur les bords de la rivière dont chaque flot roule un caillou et un mensonge, l'un portant l'autre, mêlés dans le même bruit gouailleur de l'eau, où le ciel reflété lui-même devient trompeur et changeant de l'azur à l'émeraude dans les jeux furtifs de la lumière. Elle me fut contée par un vieil homme du pays où tout ce qui n'est pas invention de l'esprit est formellement méprisé, du pays où le gros sel et l'ail sont condiments obligés de toute cuisine, du pays où les anciennes formes de langage sont jalousement respectées. Vous me pardonnerez donc si elle est dans le goût de nos aïeux, un peu gauloise et épicée, et vous vous en consolerez, ô bénévoles lecteurs, en vous disant que probablement elle n'est pas vraie.

Le début en est d'ailleurs le plus poétique du monde ; car il nous conduit en pleine campagne, à l'heure où les dernières étoiles rentrent leurs têtes frileuses sous l'aile du firmament duvetée par l'aube de petites plumes blanches ; où le croissant aux contours estompés n'est plus qu'une légère vapeur d'argent, qui flotte, en s'enfuyant, dans la nue; où tout chante l'hymne radieux du réveil, les oiseaux secouant leurs plumes mouillées de rosée et éclaboussant les feuilles d'une poussière diamantée, — les sources où le vent matinal met un frisson sonore, — les roseaux, cordes d'une grande lyre naturelle dont les grenouilles mélodiques pincent la base du bout armé d'ongle de leurs pattes grêles, — l'herbe même, qu'un fourmillement d'insectes agite. Cette heure, pudiquement enveloppée de brouillards comme une Vierge, est, en tous lieux, la plus délicieuse du monde ; mais c'est dans nos belles terres méridionales que baigne sa rapide fraîcheur qu'on la goûte davantage. Elle donne une mélancolie fugitive, pleine de charme, au paysage dont l'incandescente clarté du jour fera ressortir les splendides crudités et les saveurs puissantes mais cruelles, vigoureuse palette où voisinent les bleus sombres, les verts intenses, les rouges incendiés dans une harmonie farouche.

I

Marcel, le pâtre, le gars robuste aux épaules déguenillées, aux braies s'effrangeant jusqu'aux pieds sans chaussures, ne suit pas le sentier accoutumé, celui qui mène à la montagne où le thym abonde toujours rasé de frais par la dent gourmande des brebis et des chèvres. En vain son chien, hirsute et vaillante bête, l'a par trois fois regardé de ses yeux embroussaillés de poil, la gueule ouverte où fume sa langue, comme pour lui demander s'il ne se trompait pas de chemin, et c'est à regret qu'il a refoulé en arrière le troupeau que l'habitude avait jeté dans sa route familière. Marcel ne flûte pas, comme à l'ordinaire, et le bruit de ses pipeaux aigrelets ne s'enfonce pas dans les solitudes déjà ensoleillées par l'oblique épanouissement de l'aurore. Il va, guidé, non pas par un astre comme les antiques bergers de Bethléem, mais par quelque idée obscure que nul ne devine de ses compagnons à quatre pattes. D'un regard en dessous, il suit les accidents du terrain et de la verdure, s'élevant ici en montagnes sur la cime victorieuse des chênes, s'abaissant là aux crêtes des menues futaies ; d'un pas qu'accélèrent ses résolutions soudaines il s'avance, mais sans quitter jamais le voisinage de la ferme, promenant dans d'interminables zigzags ses moutons étonnés et bêlants. On dirait bien plutôt un chasseur à l'affût d'une proie, qu'un tranquille pasteur menant au pâturage des bêtes innocentes que guette d'ailleurs le boucher. Car le symbole évangélique du bon berger qui porte sur ses épaules l'agneau qu'il vendra demain à l'abattoir, ne m'a jamais paru rassurant pour les âmes. Loin de faire un Dieu de ce personnage, je serais tout au plus disposé à l'admettre, en ma compagnie, dans la Société protectrice des animaux. Mais passons. Tout à coup, Marcel et ses bêtes se ruent dans une clairière d'où s'envolent deux ombres, tandis que le feuillage voisin s'emplit des furtives rumeurs d'une fuite.

III

Le berger s'éloigne en fronçant le sourcil, toujours suivi de sa montueuse cohorte que le chien hirsute rassemble, fidèle à des caprices qu'il a renoncé à comprendre. Cependant, le jour a grandi et déjà l'ombre des taillis est recherchée, bordée qu'elle est par le vol d'or des frelons qui s'acharnent aux églantines à peine ouvertes, tandis qu'un bourdonnement semble monter des fossés qu'effleure l'aile transparente des libellules, comme dans les poèmes japonais qu'un livre curieux nous révélera bientôt. Cette fois-ci, c'est au plus profond d'un bosquet naturel que l'invasion soudaine de Marcel et de son troupeau surprend et disperse les deux mystérieux visiteurs qui s'y étaient repliés, et qui disparaissent encore dans un effarouchement commun.

Avez-vous deviné maintenant? Parbleu ! Marcel était jaloux. Il avait, non pas entendu, mais deviné avec cette acuité de sens qui rend le paysan si redoutable, le rendez-vous donné à Etiennette, la fileuse au rouet, par le fils du fermier, un monsieur qui avait étudié pour être huissier, un godelureau citadin qui portait des gants et qui était venu pour saigner le père de quelques écus sonnants, sous prétexte d'acheter une étude qu'on aurait pour rien. Avec ça que les huissiers chôment et font cadeau, par philanthropie, à leurs successeurs, de leurs crasseuses officines et de leurs abominables laboratoires à protêts ! Pas si bêtes ! A ces alchimistes nouveaux le protêt est comme une pierre philosophale dont ils ne se séparent qu'en geignant et à la dernière extrémité. Ce fils de campagnards se nommait Ergaste Pitoin, était très suffisant et content de lui-même, mais non pas aussi méchant qu'on l'aurait pu croire, car il était si peu impatient de saisir ses contemporains et de les faire vendre sur la place publique, ce qui est pures délices pour les huissiers de tempérament, qu'il mentait comme un chien à l'auteur de ses jours et voulait simplement lui tirer une carotte pour aller faire la noce, ce qui est un but louable entre tous. En attendant, il n'aurait pas été autrement désolé de s'offrir les primeurs savoureuses dont Etiennette était le vivant jardin, j'entends un tas de fruits rondelets et parfumés de jeunesse qu'elle portait sur elle, car c'était un beau brin de personne, très capitonnée de chair dodue, blanche, blonde, grassouillette, tout à fait à point pour esjouir les loisirs d'un bachelier. Et elle l'écoutait, la petite bourrique, flattée qu'elle était au fond de plaire à un monsieur. Elle l'écoutait, au point d'avoir accepté la promenade matinale durant laquelle Marcel les poursuit comme il le peut, le pauvre valet de ferme obligé de traîner trois cents moutons sur ses talons, ce qui est bien gênant dans le métier d'Othello.

IV

Cependant, après quatre surprises, il a gagné sa cause et vaincu. Ergaste, se voyant manifestement observé par un rival impitoyable, a renoncé à ses coupables desseins. Il a lui-même engagé Etiennette à rentrer, en lui faisant comprendre qu'il gardait une revanche prochaine à leurs amours désappointées. Furieux, en dedans, mais n'en laissant rien voir, c'est lui maintenant qui va au-devant du berger, de l'air le plus naturel du monde, mais décidé à se venger par quelque raillerie méchante.

— Bonjour, monsieur Ergaste, lui dit Marcel du ton le plus humblement poli. Avez-vous bien pris le frais, ce matin ?

Le futur huissier, sans répondre à cette gouaillerie, regardait du haut en bas, avec un air d'impertinence qu'il croyait d'un Lauzun, le pauvre diable débraillé qui avait si fort contrecarré ses plans. Tout à coup, ses regards s'arrêtant sur les pieds nus et calleux du pâtre :

— Donne-moi donc l'adresse de ton cordonnier, lui dit-il, tu as là de jolis souliers.

— Et d'un fameux cuir, monsieur Ergaste, répondit Marcel. Car j'ai la culotte pareille et, depuis vingt ans que je la porte, elle n'a encore qu'un trou. Voulez-vous voir ?

Et le drôle, se retournant, soulevait ses braies. Mais M. Ergaste Pitoin s'était enfui déjà, en criant : Shocking ! le seul mot qu'il sût d'anglais. N'eut-il pas la bêtise de raconter sa mésaventure à Etiennette. Celle-ci faillit en mourir de rire, car les filles de là-bas ne sont pas des quintessenciées comme nos petites dames. Sa cause fut perdue du coup, car il n'y a rien à attendre d'une femme qui s'est amusée à nos dépens. En revanche, Etiennette sut bon gré à Marcel de l'avoir un instant divertie et l'épousa. Ne voilà-t-il pas une histoire plus morale que tant d'autres ? Laissons donc les sots, et ne soyons pas plus bégueules que nos aïeux.

7.

EN CHEMIN DE FER

EN CHEMIN DE FER

I

— La bonne histoire que j'ai à te conter ! me dit Jacques. Tu te rappelles Bridouille ?
— Parfaitement.

Le train allait s'ébranler et nous étions seuls dans notre compartiment. Je me léchais déjà les babouines du récit annoncé. Jacques est Gaulois de tempérament, et ce n'est pas un médiocre régal qu'une narration un peu salée en chemin de fer. Elle trompe la longueur du voyage, dissipe l'engourdissement que le rythme imperceptible des cahots entraîne, et amuse l'esprit, durant que les regards se perdent sur la fuite du paysage qui court, en sens inverse de notre propre chemin, comme pour nous dire : Vous ne m'attraperez jamais et vous auriez bien mieux fait de rester chez vous!

— Par ici, monsieur et madame, par ici !

La portière s'ouvrit brusquement, et un couple corpulent se hissa jusqu'à nos banquettes, corpulent et entre deux âges. Il était temps! La machine suspendait son lourd halètement pour lancer un de ces coups de sifflet aigus dont la France, patrie du génie dramatique, a le monopole. Car jamais, par delà la frontière, je n'ai entendu cette perçante musique, et les convois s'y mettent en marche sans avoir assourdi la gare tout entière. Nous étions d'abord secoués lentement, puis d'un mouvement plus rapide. Une bouffée d'air plus frais nous annonçait la sortie de l'embarcadère : un petit nuage de fumée blanche frôlait les vitres embuées. Nous étions partis que nos nouveaux compagnons avaient à peine eu le loisir d'installer, aux deux coins opposés aux nôtres, les larges assises dont la nature les avait pourvus. Monsieur tira une revue géographique de sa poche, et madame, ayant posé des lunettes sur son petit nez ramassé en taupinière, commença un menu ouvrage au crochet. Les soupçons me vinrent bien vite que nous avions affaire à deux personnes pudibondes et pour qui la conversation de Jacques n'était pas précisément faite. Ce n'était pas une raison pour me priver des bons moments qu'il m'avait promis, et, comme je savais qu'il était inutile de lui demander de parler bas et que je le voyais prêt à reprendre le discours interrompu :

— Tu gazeras un peu, lui dis-je à demi-voix.

Mais je fus entendu des autres. Car la dame fronça le sourcil et le monsieur nous décocha un regard chargé de menaces et de mépris dont le sens était certainement : Prenez garde à ce que vous direz, mes petits goujats!

— Sois donc tranquille, me dit Jacques. Et il ajouta pour me tranquilliser tout à fait : C'est la première nuit des noces de Bridouille que je veux te conter.

La dame fit un petit saut en l'air et se rassit dans la poussière soulevée du coussin. Le monsieur eut un pâle éclair dans l'œil et tous deux, après avoir échangé de petits coups de pied, se mirent à nous contempler en dessous. Le mari eut même un petit geste de la main qui voulait dire à sa femme : Laisse faire! Au premier mot inconvenant, tu vas voir comme je le moucherai!

II

Et Jacques, insensible à cette pantomime conjugale, poursuivit :

— Tu connais la belle-mère de notre ami? Sèche, grande, noire, hargneuse, le verbe haut, détestant son gendre par avance, le type de la race dans toute sa cruauté. Tout le temps du repas qui suivit le retour de l'église, elle enveloppa Bridouille de regards féroces, ne détournant de lui ses petits yeux embraisés de colère que pour les poser sur sa fille avec une expression de compassion infinie. — Pauvre victime! disaient-ils. Je te demande un peu! Elle n'était pas mal, cette petite, mais n'eût-on pas dit qu'il s'agissait du sacrifice d'Iphigénie ? Car je t'apprendrai que par une bizarre coïncidence elle s'appelait Iphigénie. Seulement c'était son mari qui entrait en Tauride, pays des bêtes à cornes humaines agréablement situé sur les rives du Matrimonium...

Cette plaisanterie de mauvais goût parut exaspérer notre voisin. Mais notre voisine, à son tour, eut un petit mouvement de doigts qui signifiait : Attends un peu, ce n'est pas encore assez indécent pour intervenir. Et le narrateur poursuivit :

— Enfin, on se leva de table, Bridouille enchanté d'en avoir fini avec ce délassement gastronomique. Car, sans être absolument amoureux d'Iphigénie, il éprouvait de vagues impatiences de...

— Brroum! fit le monsieur que la dame maintint encore dans le silence.

— Causer avec sa femme, continua Jacques. Le malheur fut que la mère de celle-ci souhaitait également d'entretenir cette péronnelle. Recommandations suprêmes, attendrissements définitifs, Lesbie pleurant à l'avance son moineau, testament des pudeurs prêtes à s'envoler. J'ai toujours rêvé d'assister à cette conversation de la dernière heure entre celle qui sait et celle qui feint d'ignorer encore. J'imagine que cette conférence pratique doit être pleine de piquants détails. Ma pauvre enfant! ma pauvre enfant! Eh! madame, il ne me semble pas que vous vous en soyez si mal trouvée. *Dura lex, sed lex !* Encore en ai-je connu qui ne trouvaient pas la loi assez dure. Vous nous la baillez bonne avec vos doléances sur ce qui vous a si fort diverti personnellement !...

Cette fois-là, ce fut la dame qui faillit éclater et le monsieur qui la calma d'un air qui signifiait : Un peu de patience ! C'est plus loin que nous les pincerons. Et quand Jacques, après une pause, reprit : Passons à la chambre conjugale maintenant ! l'homme eut un geste de triomphe. C'est là que le châtiment attendait mon imprudent ami.

III

— Iphigénie, l'âme encore mouillée des larmes maternelles, attendait dans son lit, curieuse et troublée à la fois. Dieu sait et Musset nous a dit à quoi rêvent les jeunes filles. Celle-là ne rêvait pas, mais s'ennuyait. Bridouille avait fait une fausse manœuvre. Comptant sur un attendrissement de sa belle-mère moins sommaire et plus développé, il avait fait traîner sa toilette d'époux et n'avait pas encore retiré ses bretelles quand un coup discret frappé à sa porte le prévint qu'il pouvait entrer dans...

— Brroum ! fit notre compagnon. — Mais laissez donc ! exprima notre compagne impatientée.

— L'appartement de sa femme. Il ne se le fit pas dire deux fois. Cinq minutes après, quatre seulement peut-être, ses bottines avaient bondi dans un coin de la chambre, ses chaussettes avaient rejoint ses bottines, son pantalon noir bâillait sur un meuble ; enfin, il ne lui restait rien...

Le voisin se leva, mais la voisine le fit brusquement rasseoir.

— Que sa chemise.

Le regard satisfait de la dame voulut dire : Vous voyez bien qu'il n'était pas encore temps.

— C'est dans cette tenue élémentaire qu'il devait parcourir un couloir avant de parvenir au seuil où l'attendait l'amour permis par le maire et béni par le clergé. Il fit ce trajet en deux bonds et avait déjà la main posée sur la serrure...

Ici gros soupir et soulagement du quidam.

— Quand il se sentit appréhendé par le pan de sa tunique. En même temps une voix sifflante d'émotion, étouffée, fiévreuse, lui disait à l'oreille : Il faut que je vous parle encore! Bridouille eut un sursaut naturel. Il avait eu grand'peine à se débarrasser de sa dernière maîtresse avant de convoler en noces légitimes. Mais il se trompait. C'était sa belle-mère qui l'interrompait dans sa course. Certaines femmes sont si embêtantes...

Madame ouvrit la bouche, mais monsieur la lui referma du bout des doigts. Sa pantomime voulait dire clairement : Ce qu'il dit là est juste et il faut attendre une meilleure occasion pour nous fâcher.

IV

— Ah! le discours de la vieille fut long, continua mon camarade, long et intempestif, car Bridouille l'écoutait à peine; il ne pensait qu'à...

— Brroum!... — chut! firent nos voisins.

— S'arracher le plus tôt possible à cette homélie.

Il saisit bien quelques mots vagues : Epargnez-la, monsieur, c'est un lis! Et encore : N'abusez pas du pouvoir que la loi vous confère! Et aussi : Malheur à vous, si vous ne rendez pas heureuse mon enfant! A ce dernier propos, Bridouille sourit comme un homme qui répond : Ça, c'est mon affaire. Mais la sempiternelle belle-mère continuait : De la douceur!... Grâce, grâce pour elle!... Ma fille! ma pauvre fille! ayez pitié d'elle!

Quand elle fut au bout de ses encouragements, elle se décida à s'en aller, non sans avoir pincé au sang, dans une étreinte nerveuse, les bras de son gendre. Enfin! pensa Bridouille. Et, sans attendre un retour offensif toujours imminent, il s'approcha du lit de sa femme et se mit en devoir...

Monsieur et madame eurent enfin une pensée commune : Attention! c'est le moment.

— De l'embrasser. Mais soudain un cri terrible retentit, un cri de femme. Où ça? dans la chambre même de l'épousée. Qui le poussait? l'épousée elle-même. L'épousée toujours dans son lit.

Redoublement d'attention du couple indigné.

— En même temps, la porte est enfoncée; des lumières déchirent l'ombre. C'est la mère d'Iphigénie qui se rue dans la pièce, suivie de tous les domestiques de la maison. Elle-même, à son tour, exhale une clameur épouvantable en voyant le lit de sa fille inondé de sang...

Monsieur et madame, au paroxysme de la fureur, s'interrogent du regard pour savoir qui protestera le premier.

— Il n'y avait pourtant pas de quoi fouetter un

chat, poursuivit Jacques le plus innocemment du monde. Tu ne devineras jamais ce qui était arrivé ?

Et comme j'avais l'air de penser : Oh! si.

— Non ! non ! Tu ne le devineras pas.

Pour le coup nos compagnons étaient interloqués.

— Eh bien ! figure-toi que pendant le discours que lui avait fait sa belle-mère à la porte de la chambre de sa femme, Bridouille, qui était en chemise et les jambes nues, comme j'ai eu l'honneur de te le dire, avait contracté un coryza subit. Au moment où il s'était approché de sa femme pour déposer un baiser chaste encore sur son front, un éternuement subit, inattendu, lui avait secoué la tête, et celle-ci avait été cogner sur le nez de la pauvre enfant et y avait déterminé une hémorragie. C'est du moins ce que celle-ci raconta quand sa mère voulut faire arrêter son mari comme assassin. N'est-ce pas qu'elle est drôle?

Le monsieur et la dame reprirent, celui-ci son journal et celle-là son crochet, gonflés de rancunes qu'ils n'avaient pu exhaler. A force d'attendre le summum de l'inconvenance, dans le récit de Jacques, pour intervenir, ils étaient arrivés au bout de l'histoire sans avoir pu produire leur interruption moralisatrice. Ainsi en advienne à tous ces fâcheux qui nous voudraient empêcher de rire, quand « rire est le propre de l'homme », comme a dit Rabelais!

L'ORCHIDÉE

L'ORCHIDÉE

I

Dans l'atmosphère humide et tiède de la serre, sous le toit de verre qu'incendiait le soleil, les plantes grasses épanouissaient leurs feuilles charnues, celles-ci luisantes comme sous un vernis d'émeraude, celles-là avec des bouquets de poils jaillissant de verrues, cependant que les palmiers rêvaient sous leurs éventails immobiles et que, le long de la petite rivière artificielle, des aromes dressaient leurs blancs calices, des nénuphars s'extasiant, eux-mêmes, sur l'eau à peine profonde et transparente comme un cristal, entre les murailles tapissées de camélias défleuris au feuillage sombre où de mignonnes fleurs grimpantes accrochaient leur corolle vibrante au moindre souffle de l'air.

Mais l'orgueil de cette collection botanique et celui de la baronne Moncey d'Orgeville, sa propriétaire, c'était une orchidée vraiment magnifique, une façon d'iris fantastique aux violets tendres, aux pétales en flèches écrasées, souples et minces, jaillissant d'une façon de corselet brillant comme une armure et constellé de petites larmes noires sur un fond d'un jaune gris. L'orgueil même du lis était dépassé par celui de cette fleur superbe au cœur déchiqueté et ensanglanté de sang lilas pâle, comme celui des anémones où s'ouvre encore la blessure divine d'Adonis. Sur sa tige hautaine et droite que son poids infléchissait seulement au sommet, elle dardait le velours vivant de son regard en je ne sais quel appel aux malsaines rêveries, délicieusement vénéneuse et tentatrice. Et c'était, autour d'elle, comme une terreur mystérieuse des autres plantes inclinant leur feuillage, et des bourdons vêtus de peluche sombre avec des gouttelettes d'or sous la vitre sonore de leurs ailes, des papillons qui s'étaient faufilés dans ce paradis et des coccinelles dont le dos bossu se fend quand s'écartent leurs ailes d'émail rouge. Tout ce qui restait de nature fraternelle dans cet artificiel jardin plein d'exilées semblait subir le joug obscur de cette fille des climats torrides poussée au flanc de quelque arbre monstrueux dans les forêts mortelles d'où les voyageurs ne sont jamais revenus. Et au dehors du grand vitrage, donc ! Les capucines, ces bonnes filles, qui condescendent jusqu'aux salades bourgeoises, les volubilis qui ne s'ouvrent qu'au suintement caressant des rosées matinales, les églantines grimpantes dont la paupière rose tremble sur des cils d'or, les haricots de senteur qui ne peuvent, hélas ! nous transmettre leur âme et que Soissons renie, les pieds-d'alouette dont l'ergot d'outre-mer sombre se recroqueville et qui montent, du sol, en gerbes folles, toutes ces fleurs amies de notre ciel tempéré, curieuses, se penchaient pour voir la reine enfermée et chuchotaient leur jalouse et craintive admiration.

Des pas, au dehors, sur le sable, et un bourdonnement de voix humaines. C'est madame la baronne Moncey d'Orgeville, qui, après le déjeuner au château, où des venaisons interdites et braconnées se sont étalées sous le rire d'or des vins tourangeaux, traîtres et mousseux, vient promener ses convives, parmi les merveilles de sa serre, et leur fait les honneurs de ses curiosités végétales.

— Gontran, j'espère que vous allez jeter votre cigare ! fait-elle à son neveu, tout en ouvrant la porte aux nervures de fer. Vous savez que mes plantes ont horreur du tabac !

Et, une fois la porte refermée sur les bénévoles visiteurs, le savant botaniste Trouspette, le philosophe Olibrius et le poète Floris :

— J'espère aussi, Héléna, fait-elle à sa nièce, que vous ramasserez vos jupes de façon à ne rien me casser sur votre chemin.

Héléna, toute rêveuse, obéit machinalement sans

répondre. Gontran, très malin, était sournoisement resté en dehors et avait carrément entretenu son cigare. Il n'aimait pas les fleurs, l'imbécile, et nous nous fichions bien de lui.

II

Mais Héléna! Une grande et belle fille de seize ans, d'une aristocratique beauté et d'un charme virginal encore, avec des inquiétudes et de troublantes curiosités dans la limpidité veloutée des prunelles, semblant un sphinx qui se tourmente et s'interroge soi-même, vivante et délicieuse énigme, source toujours admirablement pure, mais où ne descendait plus seulement l'image du ciel, où le reflet des rêves éveillait déjà comme un frémissement. D'éducation irréprochable, presque austère, d'honnêteté native où se lisaient les fiertés de la race, innocente certainement, comme il convient à une jeune personne de son âge qui n'a fréquenté que la bonne compagnie et qui n'a jamais rencontré, dans les champs, les sauvages amours des bêtes, il est sûr cependant que quelque problème, soulevé dans son esprit par une lecture imprudente peut-être, ou par un lambeau surpris de conversation non faite pour elle, s'agite sous son joli front de camée où s'envolutent naturellement de légers et capricieux frisons d'or clair. Car ce n'est déjà plus l'auréole des jeunes saintes qui nimbe son visage souriant séraphiquement hier encore sur la page de parchemin d'un missel. Je ne sais rien de plus troublant, pour nous-mêmes, que ce trouble des jeunes filles subitement conscientes de l'inconnu dont nous devons garder, par respect pour elles, le charmant et douloureux secret. Qu'avait-elle appris, qu'avait-elle deviné seulement? De quoi pouvait-on déjà s'attendrir ou sourire en sa présence ? Il semblait qu'Héléna ne fût presque plus de ce monde, tant elle marchait dans son rêve, lequel lui était venu peut-être du long baiser de deux colombes sur l'acacia dont sa fenêtre était ombragée. Elle cherchait, c'est certain... mais quoi? Sachez encore qu'elle était plus jolie que jamais de cette sourde angoisse où s'avivaient les roses blanches de son visage, où de mystérieuses voluptés emplissaient ses paupières battues, comme si le stigmate azuré et divin des caresses les eût effleurées déjà.

Ecoutons maintenant le botaniste Trouspette qui pérore. Avec une compétence aussi embêtante que parfaite, devant l'orchidée magnifique, il parle de bractée, de panicule, de corymbe terminal, de pédicelles, d'anthères, de staminodes, de bursicules, etc., etc. Ah! que voilà une érudition qui répond mal aux besoins scientifiques d'Héléna! Taisez-vous, Trouspette! vous êtes, vous-même, un panicule, un corymbe, un pédicelle, un staminode, et un imbécile par-dessus le marché.

III

Plus humainement, le poète Floris avoue que, devant l'orchidée même, il regrette la rose chère à Anacréon. Que lui fait, après tout, cette fleur sans histoire? Qu'on le ramène à Pœstum et aux jardins de Sermione où Catulle chantait Lesbie. Ne parlez aux poètes que des fleurs sacrées nées sous les pas des antiques déesses ou du sang de leurs amants, gouttes d'immortalité où l'humanité latine s'abreuve encore, graines paradisiaques qu'un souffle emporta par-dessus les murailles des Edens fermés pour germer dans la terre maudite et la consoler éternellement. La baronne Moncey d'Orgeville écoutait avec une dédaigneuse indignation ce dithyrambe. Mais Héléna y prenait quelque plaisir, sans doute parce que le mot d'amour y revenait souvent. Moi, je suis absolument de l'avis de Floris et les fleurs exotiques ne me disent absolument rien, tandis que nos fleurs natales parlent, à mon âme, un délicieux langage, celui de mes plus longs souvenirs et de mes plus anciennes tendresses. Il n'est de fleur que celle où des lèvres amies ont mis leur parfum, où des regards adorés ont ouvert des yeux à leur image, où les doigts blancs de nos premières maîtresses ont déchiré quelque chose qui ressemblait à notre cœur. Comme en une mystérieuse messe d'amour, la femme consacre, pour nous, les fleurs comme des hosties, et ce nous est une religion d'aimer seulement celles qu'elle a sanctifiées pour un sacrifice où nous mourons. Ah! non seulement je me moque des orchidées et je leur préfère le moindre bluet de nos champs, mais je m'indigne contre les horticulteurs sacrilèges qui déforment nos roses originelles et en font d'inodores pivoines avec un nom d'empereur romain! Mon massif le plus cher est celui de mes roses de Bengale aériennes et fragiles comme des papillons, parfumées comme des lèvres d'amoureuses! Bien parlé, camarade Floris, et bien vengée notre flore nationale, le bout de patrie qui fleurit dans nos jardins!

Mais le philosophe Olibrius tenait à parler à son tour. C'est un des professeurs les plus mondains du Collège de France et mariant, devant les dames, avec un goût parfait, Stendhal avec Fénelon. C'est devant l'orchidée superbe qu'il pérore, dévoré du regard par la baronne, et un pouce planté dans l'entournure de son gilet.

— Savez-vous à quoi ressemble cette fleur magnifique? dit-il. A la femme!

Et, tandis qu'Héléna, indifférente jusque-là à tout ce qui s'était dit, sauf, un instant, aux paradoxes amoureux du poète Floris, l'écoutait curieusement, il continua comme il suit, en un beau mouvement d'éloquence universitaire :

— Elle ressemble à la femme, d'abord parce qu'elle est belle et ensuite parce qu'elle nous est mortelle, délicieuse et farouche tout ensemble, douce à la fois et cruelle, mystérieuse avec un poison au cœur, perfide et vénéneuse dans sa triomphante caresse. Tout ce qui vit semble n'avoir souci que

8.

de mourir pour elle. Elle est l'image d'Hélène debout sur ses ruines et absoute par l'admiration des poètes. Elle se repaît de la vie universelle. De récentes expériences prouvent qu'elle est essentiellement carnivore et toujours prête à dévorer. L'insecte qu'elle a charmé et qu'elle attire comme les antiques sirènes ne s'est pas plutôt penché sur son sein de velours qu'une invisible pieuvre l'appréhende et que d'invisibles dents le déchirent. Sur toute caresse d'une chair vivante, cette belle fleur se referme.

— Mais se rouvre-t-elle ensuite? demanda Héléna très inquiète.

— Certainement, mademoiselle, répondit, avec l'autorité normalienne, le philosophe Olibrius.

Et Héléna, comme rassurée, sourit plus doucement à son propre rêve, cependant que le poète Floris murmurait galamment à son oreille :

— La femme, mademoiselle, est encore la plus belle des fleurs.

LE P FATAL

LE P FATAL

I

Je ne saurais trop insister auprès des pères de famille qui, désireux de donner à leur progéniture le goût du beau et du congru, lisent le soir mes volumes à leurs enfants réunis, — car je sais de bonne source que, dans beaucoup de provinces déjà, mes ouvrages, recommandés au prône, sont la joie tranquille du foyer, le *vade mecum* des honnêtes femmes, remplacent *Robinson* comme livres de prix dans les lycées, et le *Journal des Demoiselles* sur la table des jeunes filles, ce qui m'est une grande fierté ; car je n'ai rien tant aimé au monde que la vertu et la jeunesse, si ce n'est peut-être les gros derrières, — je ne saurais trop insister, dis-je, auprès des propagateurs de ma foi rabelaisienne qui, durant les veillées déjà longues, débitent mes contes à haute voix devant les foules palpitantes, pour qu'ils accompagnent d'un commentaire explicatif le titre de celui-ci, et fassent bien comprendre à leurs auditeurs qu'il s'agit vraiment de la lettre de l'alphabet, non pas de quelque vilenie, comme j'en ai souvent mêlé aux aventures de mes héros. Prononcez bien, mes amis, je vous en conjure ! Vous me feriez grand tort en laissant croire, ne fût-ce qu'une minute, que je reviens encore de Soissons les poches pleines de boîtes à musique naturelles. C'est affaire à l'intrépide aéronaute Paul Arène. Je n'ai que trop parlé déjà de ces méchants bruits odorants que les gens mal élevés sèment par le monde, faisant un dieu du haricot et de leur ventre un accordéon. Voilà qui est bien risible, parbleu, d'empoisonner les passants en faux bourdon ? Mais prenez donc un brevet pour cela, monsieur le sonneur en chambre ! Quant à croire que je ferai de la publicité à vos sales mélodies, n'y comptez pas. Pouah ! pouah ! je deviens un raffiné et je prends en horreur ces sonates parfumées. C'est donc bien entendu, je dis : le P, comme je dirais l'A ou le Q, l'A plutôt que le Q, car vous me jugeriez peut-être encore retombé dans mes sujets favoris. L'histoire que je vais vous narrer est fort sérieuse, presque mélancolique et d'une philosophie profonde. Je conseillerai de ne la permettre qu'aux adolescents mâles, arrivés déjà presque au terme de leurs humanités, et de réserver aux garçonnets de douze ans mes histoires de cœur qui leur apprendront à honorer leurs parents. Ce sera le fait d'une éducation logique, graduelle et bien pondérée.

II

Oui, certes, la matière est grave, presque triste, digne d'analyse surtout. Le fait que je vais vous révéler a, en effet, pour point de départ, l'existence d'une fatalité s'ajoutant au lourd faisceau déjà des fatalités humaines et longtemps méconnues par les observateurs superficiels. L'alphabet — ça a l'air innocent un alphabet : eh bien ! c'est tout simplement un succédané, comme disent les apothicaires, de la boîte de Pandore — est une source insondable de maux mystérieux ; car dans ses vingt-quatre caractères, chacun de nous a une lettre qui lui porte malheur. Ne vous récriez pas ! Voilà vingt ans que je pioche ma découverte et je suis sûr de ce que j'avance aujourd'hui. J'avais été moi-même l'objet de ma première observation. Mes maîtresses ne me trompaient jamais (oh ! non, elles s'en gênaient, les pauvres !) qu'avec des gens dont le nom commençait par un B. Bientôt je ne leur en voulus plus, car je sentais qu'elles subissaient, comme moi, une loi supérieure à leur volonté. Mais je ne leur aurais pas passé, par exemple, un amant ayant un C ou un D pour initiale. Je me contentai de fuir comme la peste les bonshommes qui s'appelaient *Benoît, Bertrand, Barnabé*, etc... Et maintenant encore, quand passant devant un corbillard surmonté d'un écusson, je vois un B se prélassant parmi les draperies noires, j'ai un accès secret et coupable de joie mauvaise, quelque chose comme une voix qui me dit intérieurement : Enfin ! en voilà encore un de moins !

Mais il s'agit bien de mes infortunes personnelles ! C'est d'un autre dont je vous veux parler et dont j'invoque l'aventure à l'appui d'une thèse qui vous a paru peut-être fantaisiste au premier abord. Cet autre, je l'ai d'ailleurs beaucoup connu. Il s'appelait Pierre Pouyadou et était Toulousain comme moi. Vous voyez déjà les traces de la fatalité ! Pierre ! Pouyadou ! deux P. Son parrain aurait dû se méfier. C'est déjà un assez grand malheur de venir au monde sans l'aggraver en défiant les sorts contraires et en narguant les colères du Destin. Mais il y a si peu de parrains qui prennent leur mission au sérieux ! quelques boîtes de dragées, un cadeau à la commère, un baiser à la dérobée sur le cou de la nourrice, si celle-ci est fraîche, et c'est fait. Ça n'est vraiment pas la peine d'aller, pour si peu, réciter du latin auprès d'une cuvette de marbre. Au collège, Pierre Pouyadou fit énormément de pensums, non pas parce qu'il les avait plus mérités qu'un autre, mais uniquement parce que pensum commence par un P et le mot « punition » aussi.

III

Entré dans la paperasserie, après de médiocres études, l'administration l'envoya dans un bureau de commissariat de marine, à Brest, si j'ai bonne mémoire. Il y remplissait les fonctions modestes d'expéditionnaire et était spécialement chargé, par ses supérieurs, de dresser les listes de noms qui constituent le double des rôles des matelots en partance. Car il faut bien garder la trace du passage de ces pauvres diables, ne fût-ce que pour annoncer, de temps en temps, à leurs familles, qu'ils sont morts dans des naufrages. Or, en ce pays, beaucoup de gens s'appelaient : *Baptiste*, ou : *Jean-Baptiste*, de sorte que ce prénom devait revenir sans cesse sous la plume de Pierre Pouyadou. Le guignon ne devait pas le manquer à cette occasion, le guignon spécial que j'ai défini plus haut. La première fois qu'il eut à écrire : *Baptiste*, il oublia le P, et écrivit : *Batiste*. Son chef le fit venir pour lui en faire l'observation. Pierre Pouyadou, qui avait de la dignité et n'aimait pas qu'on le molestât, lui répondit assez sèchement : A Toulouse, nous l'écrivons sans P.

Mais la guerre était ouverte entre l'administration et lui. Quand il eut persisté pendant un mois dans son orthographe et inondé les registres de *Batistes*, son chef perdit patience et demanda son changement. Heureusement, Pierre Pouyadou avait des relations dans le monde officiel. Ses députés le défendirent et son chef fut contraint de lui donner une gratification. Car c'est ainsi que se font aujourd'hui les carrières. Ce n'était, d'ailleurs, qu'une trêve apparente aux persécutions de la Destinée à son endroit. Un de ces marins dont il avait estropié le nom, fit la bêtise de se noyer dans la mer, et ses enfants faillirent n'en pouvoir hériter par la faute de Pierre Pouyadou. Au moins, fallut-il tant de

9.

formalités et de rectifications que la sucession demeura deux ans ouverte et fut mangée par les frais. Le fait se produisit à plusieurs reprises et bientôt une véritable clameur d'indignation s'éleva contre le pauvre garçon. Mais il n'en voulait démordre. Vous ne connaissez pas notre honneur méridional ! Lui, céder devant son chef ! Allons donc ! Il serait mort plutôt sur son rond de cuir comme les sénateurs de la vieille Rome. Cependant quelques familles, sur le conseil de sales hommes d'affaires, l'actionnèrent civilement en dommages et intérêts. Deux tribunaux le condamnèrent et deux l'acquittèrent, ce qui fixa définitivement la jurisprudence de la Cour de cassation. Son commissaire de marine fit un nouvel effort pour s'en débarrasser. Mais un des députés de Pierre Pouyadou était devenu ministre et lui fit donner la croix d'officier d'Académie, avec un avancement sérieux. Nouvelle perfidie du sort qui ne le flattait que pour le mieux accabler par la suite.

IV

Il se lassa de la lutte. N'allez pas croire qu'il consentit toutefois à rendre à *Baptiste* son P. Non; il préféra quitter les bureaux. Son chef était devenu apoplectique et gâteux à force de se mettre en colère contre lui. Cette vengeance lui suffisait. Il renonça à l'administration, un peu par dégoût et beaucoup par esprit de justice ; car il sentait qu'il avait tort au fond. Tous les livres lui avaient donné tort; tous les documents compulsés l'avaient condamné. Il fallait un P à *Baptiste*. Sa religion étant éclairée définitivement sur ce point, sa conscience lui faisait un devoir de ne pas battre plus longtemps en brèche une institution consacrée par l'usage et les traditions de l'état civil. D'ailleurs, un projet nouveau lui était venu, celui de faire un bon mariage, j'entends un mariage qui lui apportât une aisance heureuse. Mademoiselle Pauline (ah! le diable de P!) Barigoul (le B n'est qu'un P perverti) était tout à fait son affaire. Agréable sans être jolie, assez pour amuser un mari sans ameuter les galants, parfaitement élevée, elle avait pour père un ancien maître de conférences à l'Ecole normale, fort honoré, et qui lui avait amassé une petite dot parfaitement liquide. Les prétendants sans argent font grand cas des dots liquides, — c'est le côté marin du mariage et ce qui lui donne un pendant dans la vie irrégulière. — Mais bah! qui oserait comparer l'honnête va-nu-pieds épousant une jeune fille riche pour vivre de sa fortune, au malpropre croquant qu'une courtisane nourrit?

Et cependant, à tout prendre, le bien que dissipe le premier est infiniment plus respectable que l'argent honteux dont l'autre se goberge. Mais, vous savez, le monde a ses idées faites là-dessus et je me borne à constater que ce ne sont pas les miennes. Je tiens pour le ruffian contre le coureur de dots. Il a au moins la ressource de se repentir, le concubinage n'étant pas, comme l'hyménée, un état sans rémission. J'en ai connu qui étaient devenus prodigues avec les femmes! Les saints Pauls du m...étier, quoi. Je reviens à Pierre Pouyadou et à mademoiselle Pauline Barigoul. Les choses marchaient à souhait et n'étaient-elles pas assez avancées déjà pour qu'il en fût à envoyer de Paris les cadeaux consacrés. Car les fiancées aussi demandent leurs petits cadeaux... comme les autres. Mais au diable les rapprochements malséants ! Pierre s'en était allé quérir de fastueuses lingeries pour sa future dans un des grands magasins à la mode. La lettre d'envoi de ces riens charmants lui permit enfin de donner un soulagement à sa conscience longuement comprimée, et c'est avec une joie farouche, inconsciente, une joie de pêcheur absous par la pénitence qu'il lui écrit : « Mademoiselle, je suis trop heureux de vous adresser deux mouchoirs de BAPTISTE... » Un P formidable, le P des immortelles rédemptions !

M. Barigoul était un puriste, en sa qualité d'universitaire. Sans même consulter mademoiselle Pauline, qui était demeurée atterrée devant cette épître, il prit sa bonne plume de pion et manda sur-le-champ à Pierre Pouyadou qu'il eût à renoncer à ses projets. « Je ne donnerai jamais, monsieur, lui dit-il, ma fille à un homme qui écrit *Batiste* avec un P ! »

— Qu'est-ce que j'avais dit toute ma vie ! s'écria le malheureux Pouyadou.

Et il tomba dans un accablement morne devant l'écroulement de ses espérances. Mais il avait tort d'accuser ses contemporains de son malheur. Le P fatal lui jouait un de ses tours, voilà tout. Heureusement que son ami le ministre, étant devenu sous-chef de cabinet (le besoin s'en fait sentir), le fit nommer professeur d'orthographe dans l'école laïque de son arrondissement.

FRAGILITÉ FÉMININE

FRAGILITÉ FÉMININE

I

Nous étions cinq dans notre compartiment, quatre messieurs et une dame qu'aucun de nous ne connaissait et qui faisait, par cela même, notre commune curiosité. Est-elle petite ou grande ? On en pouvait juger malaisément, tant elle s'était recroquevillée dans son coin où nous l'avions trouvée assise à notre arrivée. Vraisemblablement, celui qui était monté le premier après elle avait espéré se trouver seul en sa compagnie et je ne jurerais pas que le second ne l'avait suivi et imité uniquement pour le contrarier. Il y a des gens comme cela, dans l'humanité, qui ne peuvent souffrir le bonheur des autres. Quant à Jacques et à moi, nous étions entrés à notre tour, et les derniers, parce qu'il n'y avait plus aucune indiscrétion à cela, et aussi parce que rien n'est mélancolique comme voyager entre hommes seulement. Joie d'eunuque, si vous voulez, mais la contemplation seule de la femme qui, suivant toutes les probabilités, ne sera jamais votre maîtresse, a encore une douceur relative. Avant de déchirer les chairs, l'aiguillon du désir chatouille agréablement la peau. La sagesse consiste à se sauver avant qu'il pénètre aux sources mêmes du sang. Oui, la rêverie banale qui vous vient d'une inconnue et d'une indifférente a encore son charme, et l'imagination trouve son compte à mille petits jeux innocents dont le plus simple consiste à déshabiller mentalement celle qui vous l'inspire. J'aurais volontiers maintenu, le cou sous la hache, que notre compagne avait de délicieuses fossettes aux épaules et plus bas, le buste un peu court, les hanches dominatrices et l'emprisonnant, à la base, comme deux anses, les assises merveilleusement charnues, les cuisses bien remplies et longues, le mollet peu accusé et le pied un peu court, mais aristocratiquement cambré. J'avais pleine confiance dans la marmoréenne solidité d'une gorge peu développée. Au fait, je ne vous ai rien dit de son visage ? Blonde, d'un blond cendré, les yeux bleus sous des paupières légèrement rosées, un nez irrégulier mais charmant, la bouche d'une personne un peu rageuse et qui ne souffre pas qu'on l'ennuie. Donc encourageante et décourageante à la fois, faite pour plaire et pour se faire craindre. Et maintenant, vous la connaissez aussi bien que nous.

II

Nous filions entre deux pentes fleuries de genêts, une double forêt aux arbres minuscules couronnés d'or clair. Parfois ces remparts jumeaux s'abaissaient tout à coup et, par de larges trouées, le paysage nous apparaissait comme une mer que nous traversions d'un sillage de fumée. Les lointains étaient baignés de soleil couchant, et les ombres bleues des montagnes y projetaient de fantastiques découpures dans l'incendie des cours d'eau et le flamboiement vermeil des arbres où l'horizon avait mis le feu. Une bande de lumière exaspérée fermait le ciel, et le halètement de la machine lancée à toute vapeur nous interdisait, seul, le recueillement dont toutes les choses étaient visiblement enveloppées. Il est certains silences qu'on voit, lors même que des bruits étrangers ne permettent pas d'en goûter la douceur. Des petits cris d'oiseaux se ralliant pour le sommeil et des appels d'Angélus tintaient dans cette nature déjà assoupie. Des parfums de bruyère balancée par le vent du soir nous montaient aux narines. Tout cela était délicieux vraiment. La dame mystérieuse, comme toujours en pareil cas, s'embellissait pour nous de la beauté intime et pénétrante du décor. Tel est le pouvoir de la femme sur notre esprit qu'elle ne se saurait rencontrer dans les merveilles extérieures sans paraître les absorber toutes en elle, sans que toute clarté semble venir de ses yeux et de son front, toute suave odeur de son être, toute musique de sa voix! Et pourtant notre compagne était demeurée absolument muette. Prenait-elle sa part de notre béatitude toute physique devant ce beau spectacle? S'emplissait-elle, comme nous, l'âme de ces harmonies cachées? Se sentait-elle, elle aussi, humiliée et attendrie par ces grandeurs occidentales? A ses oreilles, comme aux nôtres, toutes ces choses prêtes à disparaître chantaient-elles les adieux divins du souvenir ? Nous la regardions sans rien dire, mais d'accord, mus par la même curiosité. Car on peut espérer beaucoup de celles qui subissent cette poétique action de tout ce qui respire autour de nous dans l'immensité.

Tout ce que nous pûmes saisir sur son visage, ce fut de petits mouvements d'impatience, de petites, soudaines et rapides contractions nerveuses. Mon Dieu, peut-être et vraisemblablement même, était-elle tout simplement gênée par cette contemplation quadruple et obstinée.

III

La nuit était venue, lente et couronnée d'étoiles, emplissant le ciel et les eaux d'un scintillement argenté, peuplant les horizons de fantômes qui semblaient fuir à notre approche. Un beau croissant de lune, pareil à une barque d'argonautes courant vers le moutonnement d'or des constellations, voguait sur l'azur profond et sombre, et une fraîcheur marine semblait descendre de l'invisible palpitation de ses voiles.

— Quel sale tour mes parents m'ont joué en me faisant garçon ! me dit à brûle-pourpoint Jacques.

— Aurais-tu donc mieux aimé être femme ? lui demandai-je.

— Assurément, reprit-il.

— Pas moi ! dit le major Van de Peteroth, mon voisin, qui ne me remit sa carte que plus tard, un officier hollandais à la douce et martiale figure, avec de longues moustaches tombantes qui lui donnaient le profil d'un barbillon.

— Moi, peut-être ! conclut l'avocat Mouillevesse du barreau de Castelnaudary, un bavard charmant dont nous ne connûmes non plus la qualité professionnelle qu'en nous quittant.

Comme vous le voyez, du premier coup, la conversation était devenue générale, — générale entre messieurs, puisque la dame, loin d'y prendre part, ne semblait même pas l'écouter. — L'exclamation incongrue de Jacques avait mis le feu à une vraie traînée de poudre et les propos se pressèrent, comme si la méditation muette qui avait précédé cette explosion l'eût rendue nécessaire et soulageante. C'est que la bêtise humaine est une force avec laquelle il ne faut pas jouer et qui nous étoufferait certainement si la parole ne lui fournissait sans cesse une soupape d'échappement. En disons-nous, mon Dieu, de ces choses inutiles et qui ne peuvent avoir pour excuse que la pression extraordinaire d'inertie à laquelle nous sommes intérieurement soumis ! Le langage est une façon de dynamomètre qui permet de mesurer notre intensité de sottise personnelle. Nous sommes bêtes à plus ou moins d'atmosphères, voilà tout.

Il y a aussi la grimace de ceux qui nous écoutent qui peut nous servir à juger de notre charge inintellectuelle. Il paraît que nous étions remarquablement idiots ; car notre compagne en faisait de terribles, se remuant fiévreusement, visiblement crispée, semblant prodigieusement impatiente d'être débarrassée de nous.

IV

C'est que voyez aussi où nous en étions tombés, en discutant les avantages respectifs du masculin et du féminin dans notre espèce.

— Les femmes sont heureuses de nous tromper si facilement ! disait Jacques.

— C'est qu'elles n'ont pas autre chose à faire, répondait le major Van de Peteroth, et si nous voulions consacrer au même art qu'elles le temps que nous dépensons à étudier la stratégie et la mécanique, c'est nous qui serions de beaucoup les plus malins.

— Être trompé est peut-être plus doux au fond que tromper, insinuait le paradoxal Mouillevesse, et demande infiniment moins d'activité et de peine.

— O fragilité de la femme! conclus-je, en levant les yeux vers le quinquet, qui, rouge et noir, charbonnait au plafond.

Notre voisine se leva, d'un mouvement brusque, irrésistible, impérieux qui nous fit peur :

— Messieurs, dit-elle, je n'y tiens plus!

Et comme nous allions nous excuser en chœur du langage qui l'avait sans doute blessée :

— Retournez-vous, continua-t-elle, suppliante, retournez-vous de grâce, ou lisez vos journaux!

Ce fut une révélation. Notre voisine avait besoin de la solitude relative où les épanchements de la nature se complaisent pudiquement.

— Maudite bière! murmura-t-elle encore en s'accroupissant.

Le bruit doux et charmant d'une averse d'orage dans les feuilles, une simple ondée dont le tapis de la Compagnie dut goûter délicieusement la tiédeur.

On dit que petite pluie abat grand vent. Il faut croire alors que grand vent termine aussi quelquefois petite pluie. Ce qui est certain, c'est que la dame, qui avait donné toute licence à ses pertuis naturels de s'ouvrir pour un instant, ne put pas refermer à temps celui qui n'avait pourtant rien à voir à son soulagement. Une bombe d'adieu intempestive annonça la fin de ce feu d'artifice aquatique.

Malgré nous, nous éclatâmes de rire.

Mais elle, se relevant avec une dignité sévère et une majesté offensée :

— Il vous sied bien, messieurs, nous dit-elle d'un

ton très sec, de vous distraire de cet accident ! Vous autres hommes, vous pouvez secouer, en pareil cas, les dernières gouttes ; mais nous autres, pauvres femmes, il nous faut souffler dessus.

Et elle se rassit indignée.

— O fragilité de la femme ! pensai-je encore tout bas.

— Je n'avais pas pensé à celle-là, me dit à l'oreille Jacques.

LA DAUPHINE D'YVETOT

LA DAUPHINE D'YVETOT

A Georges Moynet.

I

Ce serait, de ma part, une rude inconvenance que laisser la fête de Neuilly disparaître des annales foraines sans lui consacrer un souvenir. Je sais trop ce que je dois au petit monde des bateleurs que j'ai tant aimé, dans mon enfance, et auquel je conserve, dans mon âge mûr, une tendresse où se retrouve quelque puérilité. Car les petites demoiselles en maillot et en jupes retroussées, traversant des cerceaux et pareilles à des volubilis tombant dans une tasse de lait, me semblent aussi charmantes qu'au temps où je suivais à pied, sur les longs chemins poudreux, les roulottes vertes aux fenêtres fleuries de capucines et de gobéas. Mes hauts-de-chausses payaient les frais de ces promenades, sans que j'en fusse pour cela guéri. La banque — comme s'appellent aujourd'hui eux-mêmes les forains — n'était pas alors prétentieuse comme maintenant. On ne jouait pas de vraies pièces dans les baraques, et on ne payait pas de droits à la Société des auteurs. Les queues-rouges recevaient publiquement, sur les estrades, leur traitement au même endroit que moi.

Et c'était tout autour de grands éclats de rire qui sentaient les beignets. Maintenant la foule passe devant les bureaux authentiques où de sérieux tickets lui sont remis au seuil des tourniquets, comme dans les grands théâtres. En ce temps-là on payait en sortant, et encore, seulement, si on était satisfait, et la buraliste était quelque fillette en guenilles, qui vous tendait sa petite main brune de bohémienne. Les badauds se contentaient de ces spectacles naïfs et ne les compliquaient pas en se balayant mutuellement les narines avec des plumes de paon. Plus ingénieux que nous, ce n'est pas sous le nez que les paons les portent. Ah! comme tout cela a changé, tout en restant toujours la même chose.

J'y vais cependant, tous les ans, de mon pèlerinage, et je cause volontiers avec ces impresarii en plein vent qui me connaissent tous et dont beaucoup m'ont accordé mes entrées, ignorants des statuts de la Ligue des Directeurs. Ce sont, en général, de bons enfants et qui me content volontiers des histoires dont je fais mon profit. J'attends seulement, comme vous le voyez, pour les narrer à mon tour, que la fête soit finie pour ne compromettre personne. On est si près de Paris, à Neuilly, qu'on y oublie vite. Je parie que personne ne sait plus aujourd'hui sur quel théâtre s'est joué, pendant trois semaines, tous les soirs, le *Roi d'Yvetot,* une façon de pièce rustique avec couplets, laquelle ne valait pas moins que les opérettes en vogue. Beaucoup se rappellent, par exemple, la jolie fille qui y jouait le principal rôle, celui de la fille du roi. Mademoiselle Hélène — je ne vous dirai que son petit nom — est, en effet, tout simplement une petite merveille, dans l'harmonie exquise de sa mignonne personne, donnant l'impression d'un Tanagra avec je ne sais quoi de terriblement moderne. Le corps est d'un néo-grec absolument délicat : la tête est d'une vierge de Montmartre, — elles ne vieillissent pas à Montmartre, mais il y en a, — une tête aux yeux verts pleins de moquerie, à la bouche délicieusement emperlée, sous la guirlande rose du sourire, avec une chevelure blonde un peu crespelée comme la toison d'un mouton d'or... Pourquoi pas ? Il y a bien eu le veau d'or, le seul que j'eusse peut-être aimé !

Ah! elle a fait tourner bien des têtes, mademoiselle Hélène, depuis le 15 juin dernier, mais aucune aussi complètement que celle du jeune Luc Harrebourg, dont j'ai tenu à reconstituer exactement l'état civil avant de vous le présenter. Car je mets une certaine coquetterie à être plus précis encore, dans mes contes, que les plus renommés reporters. D'une bonne famille bourgeoise de Soissons, ayant fait fortune (sa famille, s'entend) dans le commerce des farineux, car lui-même, bien que n'ayant qu'une vingtaine d'années, a trouvé moyen déjà d'écorner son patrimoine à venir. C'est un noceur que notre Luc et un fantaisiste. Il adore les femmes et ne recule devant aucun moyen pour arriver à celles qu'il convoite. En voulez-vous la preuve? Voyant ses œillades de client à mademoiselle Hélène complètement superflues, après avoir assisté, pour la centième fois, à la représentation du *Roi d'Yvetot*, il résolut de pénétrer dans la place par quelque moyen que ce fût. Il se dévêtit de ses beaux habits, et, dans une tenue équivoque, s'en vint, un beau matin, dem.nder au patron de la case — comme on dit *tra los montes* — un emploi dans sa troupe. Celui-ci le toisa avec quelque impertinence et lui dit : — Ma troupe est au complet. J'ai cependant un employé malade et si vous voulez faire, ce soir, les jambes de derrière de l'âne...

— De tout mon cœur, monsieur le directeur, s'écria Luc ravi.

— Si vous réussissez à plaire au public, je vous ferai plus tard un engagement, ajouta l'impresario avec quelque bienveillance.

— Les jambes de derrière de l'âne? pensait le jeune Harrebourg.

II

Depuis que l'incomparable Kam-Hill, ayant remarqué que la voix de l'homme baisse à mesure qu'il mûrit, a pris le parti de monter, pour chanter, sur un cheval, ce qui le conduira à enfourcher plus tard un dromadaire et à terminer sa carrière musicale au haut de la tour Eiffel, l'emploi qu'on vient de confier à notre ami Luc a pris une grande importance sur toutes les scènes secondaires, où l'on montre aussi des chanteurs cavaliers, mais non plus juchés sur de véritables bêtes. Voici comment les faux quadrupèdes qu'ils chevauchent sont composés d'éléments purement humains. Deux figurants sont enveloppés sous une couverture commune ayant la forme d'une housse d'où leurs jambes passent seulement. Celui dont les mollets figureront les pattes de devant du coursier ainsi caparaçonné, est debout et sa tête est engagée dans une encolure de carton d'où jaillit une crinière parthénonnienne. L'autre, celui qui fournit les pattes de derrrière, a l'échine pliée en deux et la tête horizontalement fichée dans la ligne des épaules, juste au niveau des fesses de son collègue, presque engagée entre les jambes de celui-ci. C'est sur les omoplates de ce demi-centaure à angle droit que le cavalier s'installe, secouant des rênes inutiles, battant le vide d'imaginaires éperons et faisant, au besoin, de la haute école.

Voilà ce que l'excellent Luc apprit à la répétition. C'est sur son dos que le roi d'Yvetot caracolerait, le soir, sur la scène. Il eut bien quelque appréhension en remarquant le poids de l'acteur qu'il lui faudrait porter, de l'Alexandre dont il était destiné à être le Bucéphale arcadien. Mais c'était le propre oncle de mademoiselle Hélène, et c'était déjà une façon en dessous de se rapprocher de la famille. Cet oncle pouvait peser deux cents. Luc pensa que l'amour le lui rendrait léger.

— Dans quelques jours, lui dit son directeur, quand vous aurez appris à braire et si je suis content de vous, je vous ferai faire les jambes de devant.

Luc sourit à cette perspective flatteuse. On lui présenta l'autre moitié de l'âne, son collègue, un grand gaillard d'assez mauvaise mine et qui fut à peine poli avec lui. Après la répétition, cependant, où Luc joua très convenablement son rôle, il se dit qu'il ne lui fallait point avoir d'ennemis dans la place. Il offrit donc à son camarade de prendre avec lui quelque rafraîchissement... un verre de chablis, par exemple.

— Avec une bonne assiétée de haricots, biédase! Je ne dis pas non! répondit celui-ci, avec un fort accent gascon.

Et, dans la conversation qui suivit, chez le mastroquet du coin, derrière le théâtre, il apprit que son nouvel ami était de Montastruc, près Toulouse.

Cette confidence lui fut faite après la quatrième portion de flageolets, quand les âmes deviennent volontiers expansives. Et la seconde bouteille de chablis accrochait des rayons d'or pâle à son verre embué, sous l'oblique lumière du soleil couchant jouant, avec le vent, à travers les toiles des tentes, cependant que se ralentissait la course des chevaux de bois sur des rythmes criards qui ne semblaient plus que des hoquets, et que s'alanguissaient les bouiments des pitres sur les planches poudreuses.

III

Luc eut une première joie. Très indiscrètement il assista à une partie de la toilette de mademoiselle Hélène, à travers deux planches mal jointes de la loge dans laquelle elle s'habillait. Aussi se confirma-t-il, *de visu*, qu'en faisant une apparente folie, il avait agi comme le plus sage des hommes. Car rien ne vaut la possession d'une femme vraiment belle, et c'est à quoi on doit tout sacrifier, en ce monde, jusqu'aux plus douloureuses vanités. Certainement il est ridicule, pour un bachelier de bonne maison, de se déguiser en derrière d'aliboron et de faire la moitié d'un baudet forain devant une société nombreuse. Mais comme le but justifiait bien le moyen! Quelle femme au cœur de tigresse ne serait touchée de tant d'abnégation! Mademoiselle Hélène, bien que fort coquette certainement et très occupée d'elle-même, avait toutefois l'air bon. Elle lui sourirait, de ce beau sourire qu'elle maquillait; elle lui ouvrirait les bras, ces deux beaux bras qu'elle saupoudrait de riz, quand elle saurait ce qu'il avait souffert pour elle. Et elle ne saurait pas tout! Il lui laisserait ignorer quel admirable coup de pied au cul lui vint octroyer subitement l'oncle de sa bien-aimée déjà habillé en roi d'Yvetot, et qui craignait que la moitié la plus essentielle de son âne ne fût pas prête pour la représentation.

Luc grimpa vivement à la loge commune. Son camarade était déjà prêt. Vite, il enfila, lui-même, des bas de laine gris et chaussa des sabots arrondis, circulairement ferrés. C'était d'ailleurs tout son costume. Le reste, ne se voyant pas sous la housse de la monture, était *ad libitum*. Le Gascon en avait profité pour rester en bannière, à cause de la grande chaleur, encoluré qu'il était déjà dans son cartonnage à crinière et à naseaux peints en rose. On les emboîta l'un dans l'autre comme vous savez, et l'âne menteur fit son entrée en scène gracieusement conduit par la bride et en brayant harmonieusement.

Un instant après, aux grands applaudissements du populaire, on hissait dessus le roi d'Yvetot, coiffé du bonnet de coton légendaire et sous lequel Luc entendit, inquiet, toutes ses côtes crier, comme un ressort qu'on surcharge. Mais ce ne devait être que la moitié de son supplice. Tout à coup, le Gascon, dont les fesses nues tutoyaient ses joues, — car le malandrin avait relevé traîtreusement sa chemise — commença à lui restituer, en flatulente monnaie de Montastruc, le beau trésor soissonnais dont il lui avait gonflé le ventre. Car vous savez que Montastruc est une façon de Soissons languedocien. Vous me direz que, par origine, Luc devait être blindé contre cette odorante musique. Mais c'est comme notre ail du Midi comparé aux aulx du Nord. Luc eût tenu bon contre une tempête soissonnaise. Mais cet arome méridional le désarçonna, pas lui, mais l'excellent roi d'Yvetot qu'il secoua affreusement sur ses épaules en voulant reprendre le souffle qui lui échappait et se dérober à l'asphyxie. L'intrépide Gascon continuait à canonner sourdement, de façon que le bruit se perdît dans la housse, mais non pas l'odeur qui s'y enfermait comme dans une mouvante cassolette. Et Luc était solidement attaché à cet artilleur intempestif et indélicat. Il se sentait devenir vert comme un vieux sou. L'indignation fit enfin place à la colère. Comme les vieux braves, il mordit, à pleines dents, la cartouche. L'âne cessa de braire pour exhaler un effroyable cri de douleur humaine. En même temps il se cabra et l'énorme roi d'Yvetot roula à terre en jurant comme un païen...

On dut rendre l'argent, le roi d'Yvetot ayant eu la mâchoire brisée dans sa chute. Luc est actuellement actionné devant les tribunaux de son pays. Le Gascon entretient soigneusement, avec des caustiques, les traces de sa blessure. Il faudra que le juge d'instruction y mette le doigt. Ah! c'est plus joli quand c'est Eve qui a mordu à la pomme! Pauvre Luc! C'est peut-être mademoiselle Hélène qui témoignera contre lui, au prétoire. Mais il l'aime tant qu'il lui pardonnera et compte sur le bénéfice de la loi Bérenger pour la revoir. Quelle délicieuse folie que l'amour!

LUCIOLES

LUCIOLES

I

Blond, grassouillet, rose, pharmacien comme Homais, athée comme Homais, mais d'un athéisme onctueux qui ressemblait à de la dévotion, souriant ou mélancolique suivant les cas, comme tout le monde, mais à volonté, ce qui n'est le fait que des forts, occupé de plaire comme une coquette, parlant de ses remèdes comme d'incomparables friandises, méprisant les médecins, jouant à l'alchimiste, M. Potarel était la coqueluche de Champignol-en-Vexin.

Son officine à poisons ne désemplissait pas de dames. C'est qu'il avait pour toutes un mot gracieux et ne fleurait pas le lavement, comme les matassins d'autrefois, mais bien le jasmin et la rose. L'apothicaire est un personnage dans les chefs-lieux de canton. C'est, en général, l'homme politique de l'endroit, le grand électeur, celui que les candidats appellent devant la foule : Mon cher et honoré savant! Mais M. Potarel se moquait pas mal des futurs députés, ce dont je le loue. C'est aux femmes seulement qu'il en voulait, et il avait raison ; car le moindre sourire d'une jolie bouche vaut mieux que les plus chaudes poignées de main d'un vieil ambitieux. Pouah! Il était bavard, notre ami, et savait tout ce qui se passait dans les familles. Car il n'était pas infecté de l'esprit de caste et causait aussi familièrement avec les bonnes qu'avec leurs maîtresses. Un sage, quoi! Vingt ans et de jolis nénés ne sont jamais une entité sociale. Au moment où Eglé, la camériste de madame Buridan, laquelle Eglé semblait venir à point pour confirmer mon dire, tant elle était accorte et « joliment testonnée », pour parler comme nos aïeux, au moment, dis-je, où Eglé entra dans sa boutique, M. Potarel, debout devant un mortier, était en train de composer une délicieuse pâte phosphorée à faire mourir les rats, pâte que lui avait commandée, en personne, la belle comtesse de Château-Veyssière dont les appartements, sis au cœur d'une ancienne forteresse, étaient envahis par ces vilains rongeurs.

II

— Bonjour, ma belle enfant, comment va-t-on chez vous? Voyons l'ordonnance.

Eglé tendit le papier en comprimant mal son envie de rire.

— Une crème émolliente au beurre de cacao : cérat onctueux; bon! je vois ce que c'est, reprit l'apothicaire d'un air capable. Nous y ajouterons une pointe de benjoin pour parfumer et cautériser doucement. Et pour qui, s'il vous plaît, ce savoureux mélange?

— Pour madame.

— Où donc compte-t-elle en faire usage?

Eglé rougit et balbutia, tout en continuant à se mordre les lèvres :

— C'est après une partie de cheval. Il paraît que celui de madame avait le trot très dur. Car elle a été obligée de coucher toute la nuit sur le ventre. C'était pitié de l'entendre se lamenter. Elle dit que c'est presque à vif.

— Ce n'est pas avec son mari, bien entendu, qu'elle a fait cette équestre promenade? insinua M. Potarel, tout en se mettant en devoir d'élaborer le liniment et en s'empressant comme un hanneton autour de ses pots et de ses fioles.

— Que vous êtes méchant! répondit Eglé. Non, c'est avec le capitaine Bastard, qui est ici en congé de convalescence et qui aide madame à passer le temps.

— Et monsieur, que fait-il pendant ce temps-là? poursuivit le curieux apothicaire, en bousculant tous ses ustensiles devant lui, pour bien montrer le zèle et l'empressement qu'il mettait à sa besogne. Car vous n'êtes pas sans avoir remarqué que les pharmaciens font payer chacun des mouvements qu'ils font en vous servant : C'est tant pour le coup de pouce au bouchon, tant pour le petit papier de couleur qu'on plisse dessus, tant pour la petite ficelle rouge dont on le fixe à la base, tant pour le cachet dont on ferme l'enveloppe finale..., etc. Si bien que le remède est toujours par-dessus le marché de leur peine, ce qui leur permet de le faire payer ce qu'il leur coûte, honnêtement. Tout est main-d'œuvre chez eux... comme au temps de Molière.

— Mais monsieur est très content, répondit Eglé. Vous savez que M. Buridan adore l'histoire naturelle. Pendant que le capitaine Bastard le débarrasse de madame, il herborise avec son neveu Gontran. Ils coupent de petites herbes et embêtent un tas d'insectes qui ne leur ont rien fait. Ils collent les herbes dans de gros bouquins et ils piquent les bêtes sur des bouchons. En voilà un plaisir d'abrutis !... Ah ! monsieur Patorel, voulez-vous finir ! Je ne viendrai plus chez vous !

Et Eglé repoussait, assez mollement d'ailleurs, les entreprises hardies du beau pharmacien qui, sous prétexte de lui donner de la monnaie, l'avait attirée jusqu'au seuil ombreux de son laboratoire. Honni soit qui mal y pense ! Ce sont leurs affaires et non les nôtres. Elle rentra chez elle, ou mieux chez sa maîtresse, un petit pot à la main revêtu d'autant de sceaux qu'une bulle papale, et nous n'avons pas à en demander plus long.

III

Le soir est venu et nous sommes chez les Buridan — une propriété considérable, mais d'un luxe odieux. M. Buridan était un notaire retiré, mari d'une femme beaucoup plus jeune que lui. Il manquait prodigieusement d'idéal, ce tabellion enrichi, et il avait fait sa maison à son image, comme le limaçon abject dont la coquille moule exactement le corps visqueux. C'était cossu en diable, mais d'un goût affreux, et nulle exquisité d'art ne déshonorait ce chef-d'œuvre de platitude. Madame Buridan, qui avait sa pointe d'au delà, comme les femmes les plus ordinaires, s'y déplaisait beaucoup et en était excusable. L'arrivée du capitaine Bastard, un fort beau gars, avait fait diversion, pour elle, à une vie absolument monotone et ennuyeuse. Ils prenaient l'un et l'autre un grand plaisir, comme vous l'avez deviné, à tromper ce prosaïque Buridan qui ne méritait pas autre chose. Ils avaient, pour cela, un parc immense entourant le corps de bâtiment, plein de sinuosités profondes, avec de tortueuses allées couvertes, des taillis impénétrables, des bosquets fermés, et tout cela charmé par le murmure des sources, par les cliquetis innombrables et joyeux des feuillages sous la brise, par tous ces bruits adorables de la nature qui sont comme un silence vivant. Le soir est venu, vous dis-je, avec son cortège d'enchantements, roulant une haleine de parfums mouvants et dispersant sur les pelouses les flèches d'argent des étoiles, dans une clarté insensible où les choses se devinent mieux qu'elles ne se voient. Un croissant de lune voguait en plein azur, réfléchi par les eaux de l'étang qu'il semblait fendre de sa course immobile.

O la belle heure pour aimer sous les grands arbres, dans l'enivrement de l'odeur tiède des mousses et dans le tressaillement inquiet de tout ce qui vit et aime aussi autour de nous !

IV

Suivi de son neveu Gontran, un grand garçon en vacances, M. Buridan entra dans son parc, une boîte verte en bandoulière et un affreux filet à papillons à la main. L'animal! il fait la chasse aux lucioles, ces terrestres étoiles dont la constellation dispersée se rallume dans les gazons. Cette poésie du soir l'incommode, la vieille bête! Ne pouvant voler au ciel ni Sirius, ni Mercure, ni Vénus, il s'attaque aux vers luisants.

— Comme ils sont petits pour faire autant de lumière! lui dit Gontran.

— Dans nos climats sans doute, répondit M. Buridan qui lit volontiers les livres de voyage. Mais il y en a de fort gros en Amérique, de fort gros et très rebondis, présentant une surface éclairée de plusieurs décimètres carrés. Leur capture n'offre aucun danger sérieux, mais ils poussent une petite clameur caractéristique au moment où on les saisit, un bruit sec comme un tout petit coup de pistolet.

Et, comme ils marchaient ainsi en devisant, Gontran s'arrêta tout à coup et montra à son oncle un spectacle qui fit lever à celui-ci les bras au ciel.

A trente pas peut-être devant eux, parmi les touffes d'herbes, sous un dais de verdure, apparaissait un corps de forme indéfinissable, mais projetant autour de lui une sorte de clarté lunaire, une lumière d'apothéose blanche et douce dont tous les objets voisins étaient comme argentés, ayant aussi des rayons d'azur pâle qui s'évaporaient comme dans une fumée.

— Une luciole d'Amérique ! murmura le jeune crétin.

— Chut ! fit M. Buridan.

Et tous deux à pas de loup, sans bruit, glissant comme des ombres, prenant des détours qui dissimulaient leur marche, ils s'avancèrent, piano ! piano ! Quand ils furent à portée, le vieux notaire abattit violemment son filet que soutenait une très longue gaule.

— Pan !

Le petit bruit caractéristique annoncé. Puis une rumeur terrible sous le feuillage, un écrasement d'herbe, le bruit d'une fuite.

Le notaire et son neveu restaient cois. Le filet étreignait le vide.

Avez-vous deviné ce qu'était cette luciole monstrueuse miraculeusement disparue? Tout simplement le pauvre derrière endolori de madame Buridan que celle-ci avait mis au frais, tout en causant avec le capitaine. Le galantin Potarel, en bavardant avec Eglé, ne s'était-il pas trompé de mortier et n'avait-il pas envoyé à la femme du tabellion la pâte destinée aux rats de madame de Château-Veyssière! La pauvre dame s'en était consciencieusement frottée où vous savez, si bien qu'elle emportait, avec elle, sous sa jupe, et sans s'en douter, un véritable feu de Bengale. Or, se sentant surprise, la terreur lui avait arraché le soupir qui avait complété l'illusion de M. Buridan. Car celui-ci n'en est pas encore revenu. Il rédige en ce moment un mémoire pour l'Académie des sciences, et il pourrait fort bien y recevoir une médaille d'or pour avoir constaté, en plein Vexin, la présence d'un animal attribué jusque-là aux États-Unis.

ALIZON

ALIZON

I

C'était, il y a quatre ans, pendant les grandes manœuvres, en Bourgogne, me dit Jacques en allumant son cigare. Le commandant Laripète, qui commandait encore notre bataillon, avait reçu l'ordre de faire une démonstration sur Mâcon que nous assiégions. Bien qu'il n'eût cessé de piocher son Xénophon de toute la semaine, il s'en fut se bouter, en traversant un bois, dans le corps du général Pigelevent qui commandait l'armée ennemie, si bien que nous eussions été faits ridiculement prisonniers, si le général, qui était au fond un bon garçon et l'ami de Laripète, ne nous eût lui-même engagés à fuir héroïquement. Le résultat de cette faute de stratégie, laquelle n'empêcha pas d'ailleurs la ville de Mâcon d'être prise à cinq heures pour le quart, comme l'état-major en était convenu, fut de nous faire arriver deux heures plus tard que nos compagnons d'armes du régiment dans le village qui nous avait été désigné pour passer la nuit. Le commandant expliqua au colonel que nous avions culbuté dans un mouvement tournant l'avant-garde du général Pigelevent et que la courtoisie seule l'avait empêché de poursuivre sa victoire jusqu'à Beaugency, en couvrant ce militaire de confusion. Le colonel l'approuva, devant les officiers réunis, de n'avoir pas voulu mortifier un supérieur, et ce mensonge impudent faillit valoir la rosette à son auteur. En tout cas, il empêcha le malheureux Pigelevent d'être nommé commandeur, comme c'était son tour. Canailleries du métier que tout cela. En attendant, Mâcon était à nous, mais mon sous-lieutenant Blanc-Minot, le maréchal des logis Foiret, le brigadier Goulard et ton serviteur étions en panne dans une auberge qui n'avait plus de lits. Une seule pièce était disponible au rez-de-chaussée, une façon de salle à manger villageoise dans laquelle on entrait par un cabinet sombre et servant de débarras. Il fut convenu qu'on m'y mettrait un matelas sur un débris de canapé, — dans la salle à manger, s'entend, non pas dans son antichambre, — et que j'y reposerais de mon mieux après que quelques reliefs auraient été servis à notre faim. Blanc-Minot, qui était un poète, avait déclaré vouloir passer la nuit à la belle étoile. Quant à Foiret et à Goulard, ils trouveraient bien deux bottes de foin dans l'écurie. — Holà ! notre hôte, du jambon, du pain et du vin ! Nous avions la défaite gaie, et nous bûmes joyeusement quelques bouteilles de reginglet bourguignon, un peu dur, mais autrement authentique que les hauts crus chèrement vendus par les chimistes qui tiennent maintenant à Paris la place des restaurateurs. Car vous avez remarqué que le grand travers de ce siècle et sa ridicule caractéristique est que chacun veut y exercer un autre métier que le sien, hormis la politique pour laquelle tout le monde se trouve bon. Nous nous levâmes de table absolument ragaillardis. Je ne fus pas sans remarquer que mes compagnons me jetaient, en me quittant, un regard d'envie auquel je répondis par un sourire de fatuité, comme il convient à un homme qui ne redoute pas la jalousie d'autrui.

II

Et, parbleu ! il y avait de quoi la susciter. Je demeurais seul dans la place où m'attendait vraisemblablement une victoire que les sottises stratégiques du commandant ne risquaient pas de compromettre. O la belle servante que cette Alizon et bien digne fille d'un pays où le soleil se fond en *grappes savoureuses* ! Un beau sang vermeil comme celui des vignes mûres courait sous l'ambre de sa peau et fleurissait sur sa bouche. L'ardeur des vins généreux qui grisent mouillait de feux humides ses yeux, et de vivantes et tièdes odeurs, comme celles des cuvées, s'exhalaient de sa gorge robuste. Ses formes étaient harmonieuses et belles comme celles des antiques amphores, avec je ne sais quoi de gaulois et de délicieusement perverti à la moderne dans le détail des contours. L'air très fier avec cela, portant sur son front l'orgueil conscient de sa beauté parmi l'écrasement d'une chevelure lourde et noire comme la charge des ceps au moment de la vendange. Quand ses beaux bras nus et hâlés nous avaient effleurés, chargés de pain et de bouteilles, nous avions tous senti le même frisson où s'oubliaient notre soif et notre faim. Elle n'avait d'abord daigné répondre ni aux galanteries macaroniques de Blanc-Minot qui était de nature essentiellement madrigaleux, ni aux provocations de goût moins séraphique dont le maréchal des logis et le brigadier l'avaient honorée. Moi seul je m'étais tu. Ne pouvais-je attendre! L'heure venait où j'allais me trouver en tête à tête avec cette superbe créature. Mon silence prétentieux n'avait pas été pour amuser mes convives et je sentis un dépit manifeste dans leur serrement de main. — Heureux coquin! me dit Blanc-Minot à l'oreille en poussant un tel soupir que je crus qu'une outre d'Eole m'éclatait dans les ouïes. Je ne le retins pas, je vous prie de le croire. Car l'attitude réservée de cette fille d'auberge ne m'en imposait pas. Elle équivalait pour moi à une déclaration, puisque seul je n'en avais pas été repoussé par un méprisant silence. A peine les portes se furent-elles refermées sur eux, que je commençai à me déshabiller lentement, sur ma couche d'occasion, en attendant qu'elle vînt desservir tout ce qui était demeuré sur la table. Elle vint, en effet, sans le moindre embarras pudique et sans avoir seulement l'air de faire attention à ma présence. La sournoise ! Je toussai fort à deux reprises : elle n'y prit pas garde seulement, l'hypocrite ! Cependant elle effectuait lentement son service et je n'étais pas sa dupe. J'allai donc à elle et lui tins le discours le plus passionné et le moins équivoque à la fois. A ma grande surprise, elle fronça le sourcil, se retira surchargée de flacons et d'assiettes et, comme je voulais la saisir, me poussa rudement, d'un coup de pied, la porte au visage, d'une vraie ruade de bourrique impatientée par les mouches.

III

Je revins à mon lit, assez déconfit de cet accueil. Bah ! Cette fille voulait simplement se faire un peu désirer. Rouerie de paysanne ! Manège provincial dont j'avais grand tort de me préoccuper ! La table n'était pas d'ailleurs complétement desservie encore et il faudrait bien qu'elle revînt. Comme je me livrais à de profondes méditations sur les instincts coquets de la femme, lesquels se retrouvent, les mêmes, identiques et désespérants, chez les grandes dames et chez les souillons, partout où la beauté rayonne dans la splendeur embrasée d'un écrin ou dans la fleur d'un fumier, j'entendis un bruit de pas dans la pièce qui précédait mon gîte et dans laquelle elle avait disparu. Une agacerie certainement de cette drôlesse ; elle me narguait en m'indiquant sa présence, pour m'attirer. Je suis l'homme des résolutions soudaines ; je bondis et m'enfonçai, en tirant la porte derrière moi, dans l'obscurité de la chambre où l'on avait marché, les bras tendus, cherchant une proie qui ne se fit pas longtemps attendre à mon impatience. J'avais deviné juste ! Un petit cri de femme, des épaules frémissantes entre mes bras ; un baiser aussitôt rendu que pris. Vous n'attendez pas que je vous conte le reste. Quand triomphant, fou de joie, je revins à la lumière, dans ma chambre qui me parut un temple où éclataient des hosannas, je tenais dans ma bouche, accroché à mes dents, un lambeau de fichu que j'en retirai pour le porter pieusement à mes lèvres. O pudique Alizon, il fallait donc les ombres opaques de la nuit à ta chute ! Que ne l'avais-tu dit plus tôt ! Ce chaste orgueil qui ne voulait pas de témoin à ses défaillances m'emplissait d'enthousiasme et redoublait le prix des faveurs obtenues.

Comme je me complaisais dans ce cantique des cantiques en l'honneur de la bien-aimée, Alizon rentra pour achever sa tâche. Rien de dérangé dans l'aspect hautain de sa personne. Aucun désordre dans sa tenue, rien qui révélât les émotions récentes ; ses beaux cheveux, noués comme auparavant, lui faisaient encore, comme l'a dit magnifiquement Charles Baudelaire, un casque parfumé. Cette fermeté d'âme, cette impassibilité victorieuse me comblèrent d'admiration; je m'approchai doucement, et, suppliant, un genou en terre, avec l'humilité feinte d'un homme qui veut bien oublier qu'il a vaincu, je pris ses mains sans dire un mot et je les portai à ma bouche, dans un geste de remerciement passionné en même temps que d'excuses hypocrites. Mais cette main, elle la retira rudement et m'en frappant la joue si fort que le soufflet me fit passer de rouges constellations dans les yeux :

— Mais fichez-moi donc la paix ! me cria-t-elle.

Et, soufflant la bougie, elle emporta le reste de la desserte.

IV

Pour le coup, j'étais stupéfié. Mais un jeune militaire qui a lu Balzac ne demeure pas longtemps meurtri sous le coup d'une perfidie féminine. Le caractère d'Alizon m'apparut avec une impitoyable netteté, tel que le maître romancier en a donné le modèle. J'avais eu affaire à cette variété de coquines qui prend le plaisir où elle le trouve, mais n'en accepte jamais les conséquences ou la responsabilité, prudes et prudentes que nul, pas même leur amant d'une minute, ne saurait convaincre d'avoir failli, êtres tout sensuels et sans tendresse qui ne demandent rien d'immortel et de sacré à l'amour. Ah! je la connaissais maintenant, cette Alizon, comme si je l'avais faite ! Ce n'était pas la vulgaire fille de cabaret qui accepte de tout venant bénévole un salaire honteux. Non ! c'était une gaillarde madrée, une demoiselle rusée qui voulait garder sa réputation et se bien marier dans le pays, épouser le fils du patron probablement. Qui sait, elle ne m'avait peut-être giflé si fort que pour que son prétendu entendît sonner la claque? Demain le rustre me guignerait de l'œil, avec un mauvais sourire sur les lèvres, et me demanderait fallacieusement si j'avais passé une bonne nuit. Et cependant, cet animal, je l'avais fait... avant la lettre. Vrai ! j'étais furieux ! furieux et aussi un peu désolé. Car j'en avais encore soif de cette perfide Alizon, j'avais soif de ses chairs parfumées, et ce poème de jeunesse interrompu au premier chant me brûlait au cœur comme si un nouvel Omar y eût fait flamber la bibliothèque d'Alexandrie. C'était lâche ce qu'elle avait fait là de me laisser sur mon désir; car la femme ne peut rien inventer de plus cruel que ce supplice du bonheur interdit aussitôt qu'accordé. Dans les amours profondes, c'est pour empoisonner une vie tout entière. L'ange qui gardait la porte de l'Eden fermé avait, au moins, la pitié de ne jamais l'entr'ouvrir, pour montrer aux proscrits les splendeurs de la patrie défendue !

Ainsi je me lamentais, demandant en vain un peu d'apaisement au sommeil, et toutes les lâchetés du pardon me montaient à la bouche, avec un flot de baisers pour cette cruelle qui s'était si bien moquée de moi ! Le petit jour vint enfin et Blanc-Minot entra dans ma chambre. J'avais l'esprit si plein de mon aventure que je la lui contai par le menu, en lui faisant, en même temps, une conférence sur l'infamie de la femme, laquelle infamie dépasse toutes les prévisions, et ne doit cependant jamais désarçonner un homme sensé. Mon sous-lieutenant, qui était encore un naïf, m'écouta, la bouche grande ouverte, confit en admiration pour ma science, m'enviant ce diagnostic infaillible en matière de pathologie amoureuse. Il n'eût manqué là que Laripète pour me consoler par quelque effroyable ineptie... Ah ! perfide Alizon !

V

Le clairon sonnait dans la petite rue du village, suivi de petits polissons aux culottes mal fermées, aux cheveux embroussaillés par le sommeil. Les grandes manœuvres n'étaient pas terminées. Transformés en armée de secours, nous devions débloquer Mâcon à onze heures quarante-cinq minutes après avoir rejeté sur notre aile gauche le général Pigelevent. Le commandant Laripète, sanglé comme un cheval limousin, jurait dans la cour parce qu'il n'avait pas reçu de lettre de sa femme. C'était bien naturel ; moi, j'en avais reçu deux, et Blanc-Minot trois. On ne pouvait pas non plus exiger de cette pauvre Olympe qu'elle passât sa vie à la petite poste. Ces maris sont étonnants ! Je sonnai pour qu'on nous apportât, à Blanc-Minot et à moi, un bon verre de café mouillé d'eau-de-vie, ce qui est le vrai déjeuner matinal du militaire en campagne. Mon cœur battait, je l'avoue, en pensant que c'était Alizon qui allait probablement nous servir ce frugal repas. Je m'étais fait le visage froid d'un diplomate qu'on n'abuse pas avec des protocoles, et d'un sceptique qui a appris à ne plus souffrir. La porte s'ouvrit. Ce fut une vieille, fort vilaine, ma foi, qui entra, une vieille que j'avais à peine aperçue, le soir, en traversant la cuisine. Elle nous mit notre couvert, en prenant de petites allures folichonnes et gracieuses qui la rendaient plus grotesque encore. Elle minaudait visiblement et faisait la sucrée, malgré son âge et sa laideur. En passant auprès de moi, elle me frôla avec affection, si bien que mon coude toucha le sien et mon genou son genou. Je la regardai stupéfait; ses petits yeux gris, aux paupières rouges et clignotantes, me lançaient des regards indéfinissables où la tendresse et le regret se mêlaient avec la reconnaissance. Elle me souriait comme on sourit à ceux avec qui on a un secret, ce qui est si doux quand la bouche qui sourit n'est pas, comme la sienne, flétrie et édentée! Un soupçon terrible me passa dans l'esprit. La vieille portait un fichu à fleurs. J'y vis un accroc et une pièce enlevée toute pareille à celle que j'avais arrachée de mes dents dans un furieux baiser. Le doute lui-même s'écroulait et la certitude était là, victorieuse, effroyable... C'était elle que, dans l'ombre de la chambre voisine!... Je n'allai pas jusqu'au bout de mon idée. Le clairon s'impatientait; le commandant jurait plus fort; les pas des hommes sonnaient amortis par la poussière. — Partons! dis-je à Blanc-Minot, nous prendrons le café plus loin.

Bonne nature que ce Blanc-Minot, et que la commandante avait bien raison de me préférer déjà! Bien qu'il crevât de soif, il ne fit aucune objection à mon impatient désir. Bien qu'il eût deux yeux excellents, il avait eu la discrétion de ne rien lire sur mon visage du drame qui s'était passé dans mon cerveau. Comme nous nous étions remis en route, après le commandement d'usage :

— Tu es bien heureux tout de même, me dit-il, de connaître si bien les femmes !

— N'est-ce pas? lui répondis-je avec la rage au cœur.

— Halte! cria tout à coup le commandant Laripète. Nom d'une trique, mes enfants, nous nous sommes encore trompés de chemin ! Le diable soit de ce sacré pays !

Et il ajouta en grommelant :

— Ce n'est pas étonnant que les lettres de ma femme ne m'arrivent pas ici. Je suis sûr que les facteurs eux-mêmes ne s'y reconnaissent pas.

DIALOGUE DES MORTES

DIALOGUE DES MORTES

A Franck Géraldi.

I

J'avais passé, le matin même, deux heures curieuses, ma foi, à lire le volume que mon ami Georges Veyrat vient de consacrer aux statues de l'Hôtel de Ville et que Jules Claretie a fort bien appelé, dans sa préface : un petit Plutarque. Oh ! l'étrange panorama de pierre et que Paris a eu de prodigieux enfants. Ils sont bien là deux ou trois cents bonshommes qui ont fourni des commandes posthumes aux sculpteurs contemporains, l'incendie ayant fait, il y a vingt ans, place nette. On y trouve des architectes, des peintres, des sculpteurs, quelques hommes politiques, fort peu de poètes. Nous autres faiseurs de vers, nous demeurons décidément le *rara avis* dont l'immortalité respecte rarement les ailes. On ne nous choie guère de notre vivant et, morts, on nous oublie volontiers. Nous écrivons plus souvent sur le sable que dans les profondeurs sacrées du marbre. Qu'importe ! le rossignol, lui-même, s'occupe-t-il de ce que devient sa chanson, pourvu qu'il ait chanté ?

Sept femmes seulement pour tant de messieurs ! Il est vrai qu'il faut défalquer, du nombre de ceux-ci, Pascal qui n'aima pas le sexe et Boileau Despréaux qui manqua de l'essentiel en amour. C'est néanmoins peu. Le conseil municipal a été chiche avec la plus belle moitié du genre humain. Parbleu ! c'est notre vue qui en souffre. Il ne m'eût pas déplu que quelques « grandes et honnestes dames », comme les appelait feu Brantôme, célèbres seulement par leur beauté, voire par la galanterie de leurs mœurs, eussent varié la monotonie de ces images et fait, de leurs lèvres de granit, un vague sourire aux passants. La sculpture grecque a fait la place plus belle à la femme qu'à l'homme, et elle avait raison. Cependant l'homme était alors moins ridiculement vêtu qu'aujourd'hui. Moi, je me demande, comme François Villon, devant cet héroïque jeu de massacre :

> Dictes-moy où, n'en quel pays
> Est Flora, la belle Romaine,
> Alcépiada, ou Thaïs
> Qui fut sa cousine germaine ?

et j'eusse aimé les trouver là, voire

> ... la très sage Hélois
> Pour qui fut chastré, puis faict moyne
> Abelardus, à Sainct-Denis...

C'eût même été, pour Despréaux, une consolation.

En ces joviales pensées m'étais-je égaré, tout le jour, après ma matinale lecture, cuidant, comme diraient encore nos aïeux, que les monuments, si beaux qu'ils soient, sont comme la vie, si riche qu'on la rêve, absolument ennuyeux sans femmes. Mais tous ces grands hommes, dont quelques-uns sont, entre nous, des francs miteux, n'avaient vécu que de la femme, et tous ces cerveaux de pierre, qu'on nous voudrait faire croire pleins seulement de pensée, ne se sont ouverts autrefois, comme des fleurs, que sous les immortelles caresses du rêve et du désir. Je vous livre mes méditations à ce sujet pour ce qu'elles valent et telles que je les fis dans le brouhaha de la vie coutumière, sans cesse distrait par les importuns qui sont le nombre, les amis n'étant qu'une consolante exception.

II

Il pouvait bien être une heure du matin quand, longeant la rue de Rivoli, pour regagner ma lointaine demeure, distrait des lourdes occupations du jour par un voyage au coin de Paris où se passa ma jeunesse, — il est bon de revivre quelquefois ses souvenirs — je débouchai en pleine place de l'Hôtel-de-Ville, par une de ces belles nuits constellées qui n'ont pas été rares cette année. C'est un point de vue qui ne vaut pas l'admirable spectacle de la place de l'Hôtel-de-Ville à Bruxelles, que traverse encore le spectre sanglant d'Egmont, mais qui n'en a pas moins son impression puissante. La lune baignait à pleins flots la noble masse de pierre ciselée comme un gigantesque bijou. C'était le silence et le recueillement relatifs, avec le roulement lointain, sur les quais, des voitures attardées, et l'insensible bruit du fleuve où les constellations étaient descendues dans un frémissement d'or. Le long des berges que borde une ceinture de granit, les arbres parisiens, que le soleil brûle plus vite que les autres et dont les verdures recroquevillées, jaunies ont, dès juillet, de vagues murmures de castagnettes, chuchotaient, entre eux, au souffle rafraîchi courant sur l'eau. Et il me sembla que des voix humaines s'y mêlaient, délicieusement vieillottes comme les notes des clavecins d'antan où se sont promenés les doigts de nos grand'mères, accompagnant une chanson de Garat. En même temps, des ombres passaient gracieuses dans leur silhouette surannée d'élégantes d'autrefois. Je me voulus rasséréner de cette vision en vérifiant, au clair de la lune, quelques-unes des indications topographiques de mon ami Georges Veyrat, et, avec un inquiétant sentiment d'étonnement, je constatai que ni madame Roland, ni madame de Sévigné, ni madame Vigée-Lebrun, ni madame de Staël, ni madame Geoffrin, ni George Sand, ni mademoiselle Mars n'étaient à leur place. Des niches vides ou des médaillons aux reliefs aplanis étaient béants au-dessus de leurs noms gravés dans les architectures.

— Eh bien! voilà du propre! pensai-je, et si ces dames découchent maintenant encore, c'est bien pour compromettre la renommée moralisatrice du trépas!

Mais je compris vite, pour celles que j'avais aimées surtout, que je les calomniais.

Elles s'étaient emboîtées dans la compagnie de Rollin et de François Miron, de Legendre et de Burnouf. Ah! comme je comprends ça!

Et me rappelant le délicieux chuchotement que j'avais ouï, un instant auparavant, et aussi ces apparitions aux bras enlacés que l'enroulement des nocturnes brouillards, au-dessus de la Seine, sans doute, avait promenées sous mes yeux, en de fantastiques et flottantes figures, comme le dessin des nuages où nous trouvons des femmes couchées, des chevaux échevelés et des guerriers se ruant à une Iliade, je devinai que c'était ces dames, en rupture de niches et de médaillons, qui m'avaient donné cette illusion double pour l'oreille et pour les regards. Sournoisement je cherchai où elles étaient allées, en cet innocent guilledou, et, les ayant enfin retrouvées, je me blottis, pour les écouter, derrière un fiacre dont le cocher s'était endormi, insipidement ronfleur, dans cette musique mystérieuse des esprits.

III

Ah ! j'en entendis de belles pour nous ! Ce que madame de Staël se fichait de Napoléon, qui l'avait autrefois proscrite ! Il y avait beaucoup de vrai dans ce qu'elle disait. Ce n'était vraiment pas la peine de traverser toute l'Europe, un glaive sanglant dans la main, pour lui montrer un cocu. L'espèce n'en est pas si rare. Madame de Sévigné, non plus, n'était pas bienveillante pour nous. Il est certain que le moindre inconvénient du télégraphe est d'avoir supprimé une littérature exquise, celle où Voltaire fut un maître après elle. Celle que l'immonde Stanislas Auguste appelait « Petite maman », la Geoffrin, dans la jolie robe décolletée dont Franceschi a signé la dentelle, minaudait d'aise, en revanche, en pensant au temps où les élections de Pologne se faisaient par les femmes. Le fait est que c'était une conception plus aimable que celle des porteurs à cinquante francs par jour. Madame Roland, à qui M. Chatrousse mit un rouleau de papier dans la main, voulut commencer une tirade démocratique, mais ce que mademoiselle Mars lui imposa silence en réclamant des histoires d'amour ! Ce fut aussi l'avis de madame Vigée-Lebrun, qui remarqua douloureusement que la politique avait tué la galanterie chez les hommes. Et très complaisamment elle se souvint de Laharpe, qui lui avait dédié des vers en pleine Académie.

> Lebrun, de la beauté le peintre et le modèle,
> Moderne Rosalba, mais plus brillante qu'elle,
> Joint la voix de Favart au sourire de Vénus...

C'est étonnant comme les femmes trouvent facilement admirables les vers qu'on fait pour elles ! Ceux-ci eussent mérité, de la part d'une prosodiste un peu délicate, un coup de pied au derrière. J'imagine qu'ils ont été payés autrement.

Une seule n'avait pas parlé encore, silencieuse dans la mort comme elle l'était volontiers dans la vie, la grande Aurore pour qui la sculpture a toujours été cruelle. Car je ne connais pas une image de George Sand qui donne une impression, même lointaine, de sa physionomie. C'est que son sourire était fait d'énigme et son regard d'au-delà, les cruautés du sphinx s'oubliant, en elle, dans un indéfinissable rayonnement de bonté. Elle était vraiment d'expression surhumaine avec ses yeux complètement emplis par la prunelle, comme ceux des grands ruminants qui suivent un rêve obscur à l'horizon. Comme ses compagnes se taisaient pour la forcer à parler, elle s'y décida enfin et ce fut pour leur dire les plus admirables choses du monde sur l'amour, qui fut le secret constant de son génie, comme il est la source éternelle de tout ce qui est grand ici-bas. Elle leur dit le néant de tout ce qui tente les hommes en dehors de ces attirances sacrées de la tendance universelle où les hommes gravitent, les unes vers les autres attirées, comme les astres que rien ne peut détourner de leur route d'or ! En ces élans de panthéisme qui en faisaient une admirable païenne, elle leur montra l'humanité, asservie à mille forces perverses, et ne s'en pouvant délivrer que par le *sursum corda* que chantent les lèvres dans le baiser! Toutes étaient sous le charme, et moi-même, qui me rappelais les enchantements de Nohant quand elle ouvrait, toute grande, son âme...

Hum! hum! ph! ph! ph! C'est le cocher du fiacre qui éternue et regarde dans le vide, abruti par le réveil, dans le vide où les derniers becs de gaz pâlissent, une aube crépusculaire argentant au loin l'horizon et le fleuve roulant déjà comme un scintillement d'écailles. La musique des voix s'était tue pour faire place au bourdonnement lointain des Halles en plein déballage maraîcher. Les fantômes exquis avaient disparu. Les niches et les médaillons avaient retrouvé leurs hôtes, sans doute

Étourdi encore, sous un charme lent à se dissiper, je me sentis heurté par quelques fillasses dont la faim prolongeait la retape, et je me rappelai ces vers de Clément Marot célébrant la construction du premier Hôtel de Ville et que mon ami Georges Veyrat a très ingénieusement invoqués :

> Le roy aimant la décoration
> De son Paris, entr'autre bien ordonne
> Qu'on y bâtisse avec proportion,
> Et, pour ce faire, argent et conseil donne ;
> Maison de ville y construit belle et bonne :
> Les lieux publics devise tous nouvaulx,
> Entre lesquels, au milieu de Sorbonne,
> Doit, ce dit-on, faire la place aux veaux !

L'ONCLE TITUS

L'ONCLE TITUS

I

Titus de Narbonne, le fondateur de la maison Titus et Romanèche, un vieux qui avait parcouru le monde et estimait que les voyages seuls forment la jeunesse, — il se citait modestement comme exemple à ce propos — n'avait-il pas plus appris qu'en séchant sur les bouquins ? Ce qu'il avait appris valait mieux, en tous cas, que la vaine science des décrotteurs de latin. Car, parti sans souliers, ce qui est encore plus dur que de venir en sabots, il était actuellement millionnaire. Millionnaire et sans enfants! Voilà le revers de cette magnifique médaille. Du vivant de madame Titus, il avait réitéré les essais loyaux sans succès. En ce temps-là on ne songeait pas encore à appeler un monsieur muni d'une seringue. Les clystères se donnaient comme au temps de Molière. L'oncle Titus — ce mot seul vous révèle le secret de ses consolations — s'était contenté de reporter tout ce que l'homme garde inexorablement en lui de paternellement affectueux sur les deux fils de sa sœur, deux garçons jumeaux et parfaitement dissemblables de caractère, mais d'ailleurs dignes l'un et l'autre de cette tendresse.

Jean était laborieux et Paul flâneur ; Jean était véridique dans ses discours et Paul inventeur dans ses récits ; Jean était chaste comme un apprenti éléphant et Paul avait les appétits d'un jeune coq; Jean méditait volontiers et Paul exhalait ses moindres pensées avec une faconde toute méridionale. Tous deux achevaient leur droit à Paris; le judicieux Titus avait remarqué que la seconde moitié de ce siècle, dont la première fut aux poètes, appartient aux avocats. La lyre a cédé la place à la toge, non plus l'épée comme autrefois. Il ne suffit plus d'être un héros ni un chantre d'épopées, mais simplement d'avoir sondé le mystère des murs mitoyens pour dominer les foules d'une popularité peu bégueule. Jean et Paul avaient passé leur thèse le même jour : Paul avec plus d'éclat que Jean, parce qu'il savait moins, mais était plus bavard ; enfin tous deux l'avaient passée. Quand la nouvelle en arriva à Carcassonne, maître Titus en jeta, de contentement, son crasseux bonnet de soie sur la table où fumaient les débris d'un cassoulet.

— Dix mille francs ! fit-il. Je vais leur donner dix mille francs pour s'amuser et voir Constantinople !

Et, huit jours après, il comptait la somme à ses deux neveux en leur souhaitant bon voyage. L'avunculat est un sacerdoce pour ceux qui le comprennent ainsi.

II

— Et ça t'amuse d'aller à Constantinople ? dit Paul à son frère.

— Comment, si ça m'amuse ? voir un pays merveilleusement célèbre, en étudier les mœurs et les lois, en approfondir sur place la jurisprudence !...

— Eh bien, moi, ça m'embête horriblement et j'aimerais mieux passer ce mois de congé à Paris tout simplement où je trouverais bien une jolie fille pour m'aider à manger les cinq mille francs qui me reviennent dans la libéralité de l'oncle Titus.

— Mais, malheureux ! comment donner à l'oncle des nouvelles de ton voyage ?

— C'est bien malin ! Je t'enverrai à toi des lettres intérieurement datées de Constantinople et que tu y mettrais à la poste.

— Mais que pourrais-tu lui dire d'un pays que tu ignores ?

— Ça, ça me regarde.

Les deux frères s'aimaient beaucoup. Jean consentit à ce que Paul lui demandait. Celui-ci s'embarqua consciencieusement et celui-là reprit sournoisement le train qui mène aux abords du Panthéon. A peine riverain du Bosphore, Jean commença d'étudier si sérieusement qu'il avait à peine le temps d'envoyer quelques mots par semaine à l'oncle Titus. Par contre, Paul acheta l'immortel livre de Théophile Gautier et commença à le distiller à raison de dix pages à la fois, dans des épîtres pleines de couleur que le vieux Narbonnais recevait indirectement, avec un peu de retard sans doute, mais aussi avec délices. Bien que lettré comme un saumon, il subissait la magie du style, l'incomparable charme descriptif de ce chef-d'œuvre et s'extasiait devant les facultés étonnantes d'un neveu qui lui faisait éprouver ses propres impressions et l'entraînait, avec lui, dans ses courses pittoresques.

— Au moins, en voilà un qui profite de son voyage ! s'écriait-il enthousiasmé, puis faisant une lippe de dédain, il ajoutait :

— Mais l'autre ! avec un accent qui voulait dire : Voilà bien de l'argent fichu !

III

Certes, Paul profitait de son voyage... de son voyage à Paris, s'entend. Comme il l'avait prévu, il avait trouvé sans peine une demoiselle disposée à partager ses dépenses, à la condition qu'il en payât la totalité, plus une prime notable pour les plaisirs de sa compagnie. Ce genre d'associées se rencontrent aisément sur l'une et l'autre rive de la Seine. Je ne vous dirai pas ce qu'elles baillent, mais elles y sont infiniment moins rares que les bailleurs de fonds. Antonia était une belle fille, pareille à tant d'autres que Montmartre a vues naître, Montmartre qui possède encore un moulin, uniquement pour le vol des bonnets, puisqu'il y a beaux jours qu'on n'y fait plus de farine. Blanche, blonde, grasse, appétissante à l'envi, avec de toutes petites dents, mais qui mangeaient et mordaient comme celles des souris, avec des yeux noirs, pas bien expressifs, un peu endormis à l'ordinaire, mais s'allumant devant l'or et le vin de Champagne, pas bien intelligente et pas du tout élevée, mais rusée de nature et cependant bonne créature, avec cela, et très bien capable de recueillir un chat abandonné pour en ennuyer tous ses voisins ou de prendre la défense d'un cheval maltraité, à condition que ce ne soit pas elle-même qui fût dans la voiture. Vous connaissez le modèle, n'est-ce pas ? Echantillon 2527. *Horizontala vulgaris Linneensis* des naturalistes du boulevard. Je ne hais pas cette fille banale, pourvu qu'on passe plus de temps à faire le tour de son postérieur que celui de son esprit. C'était le cas et c'était aussi l'excuse de Paul. Au fait, ce Paul, dont je me moque comme de l'an quarante, avait-il besoin d'excuses? Eh! que non, morbleu! La belle affaire de s'en aller au diable errer mélancoliquement devant la porte fermée des harems orientaux que gardent des ténors sans engagement, quand nos harems, à nous, courent les rues sous l'œil viril d'anciens militaires qui n'ont rien perdu de leurs illusions! Voyage pour voyage, je préférerai toujours l'exploration des côtes d'une jolie femme à celles des côtes de la Méditerranée. C'est moins bleu, mais mieux rembourré. Les seins n'ont-ils pas le doux gonflement des vagues et le même murmure berceur? La nacre des coquillages ne revêt-elle pas aux divins luisants de la chair féminine? Les beaux cheveux n'ont-ils pas le balancement allongé et capricieux des algues que le flot emporte? Certes! Et puisque Vénus a pris la peine de sortir solennellement de la mer, c'est sur terre que je la suis, ne demandant plus aux plages qui la pleurent encore que le vague parfum de son beau corps disparu.

IV

Cependant le mois de vacances avait pris fin. Jean faisait voile vers Marseille, n'ayant augmenté son bagage que de quelques bouquins rares et délabrés, dont les plus curieux étaient certainement un tarif des droits de justice sous l'empereur Constantin. Car dès ce temps-là on se préoccupait de les diminuer. On s'en préoccupera encore longtemps; mais ce ne sera pas tant que nous serons sous la main des chicanous parlementaires que la question sera résolue. Pas si bêtes que de restreindre les frais dont ils vivent, et de désarrondir la panse des sacs à procès ; mais ceci n'est pas mon affaire. Pendant ce temps-là Paul dévalisait tous les marchands de bibelots orientaux de la rue de Rivoli et l'étalage de tous les marchands de pantoufles du Palais-Royal. Il s'achetait des turbans, des vestes turques, des yatagans, des caisses de pastilles puantes, des flacons d'essence de rose directement remplis dans la Dhuis, des bottes rouges et vertes, des fusils de mameluks, des fez cramoisis comme des derrières d'enfants fouettés, toutes les ordures que débitent des mahométans de Belleville aux collectionneurs de Pontoise ou de Romorantin. Antonia, qui l'accompagnait et assistait à cette débauche d'acquisitions exotiques, en profita pour se faire habiller complètement à la musulmane, des pieds à la tête, et je vous jure que cette défroque allait joliment à ses airs d'almée paresseuse et gourmande. Quand, avant de partir pour Narbonne, Paul la serra sur son cœur, une larme furtive tomba des yeux de la belle fille et s'en vint poser une étoile d'argent parmi les petites étoiles d'or dont la gaze de sa large culotte était constellée. Sous cette gaze, comme sous un linceul, dormait le souvenir des cinq mille francs défunts. Il avait bien choisi son oreiller mortuaire.

Les deux frères s'étaient arrangés pour sonner, en même temps, à la porte de l'oncle Titus. Celui-ci les couvrit de baisers, mais fit tout de suite une grimace en retrouvant Jean exactement vêtu du complet avec lequel il s'était embarqué, tandis que Paul avait agrémenté sa toilette d'une calotte rouge au lieu de chapeau, d'une épingle en croissant et d'une énorme bague d'argent comme en rapportent souvent les pèlerins de la Mecque, et dont le métal a touché la pierre du tombeau du prophète.

— Voyons un peu ce que vous avez rapporté l'un et l'autre ? demanda curieusement le bonhomme.

Justement les colis s'accumulaient dans le vestibule. Tous à Paul ces colis ! Jean n'avait qu'une valise, celle qu'il avait au départ, un peu grossie par des bribes de littérature. L'oncle Titus haussa les épaules en la regardant, mais il faillit tomber en extase quand Paul déballa ses richesses. Il se pâma littéralement devant les étoffes, les armes, les cassolettes et les chaussures multicolores. En dernier lieu, le faux voyageur tira, avec beaucoup d'égards, un papier de soie, une espèce de perruque végétale très embroussaillée, et la tendit à son oncle. C'était le cadeau qu'il lui avait rapporté : une plante qui ne fleurit que sur les rives du Jourdain. Desséchée à l'ordinaire, il suffit de la plonger dans l'eau pour qu'elle reprenne son élasticité et une sorte de vie. On en agrémenterait sa tête, comme d'un toupet, qu'il suffirait de laisser celle-ci quatre ou cinq heures dans sa cuvette pour retrouver un jardin sur son crâne. C'est très avantageux pour les personnes chauves. Pour le coup, Titus, vaincu, fondit en larmes, si bien que la plante se mit à reverdir soudain sur ses genoux. Vingt fois il serra son neveu Paul sur son cœur.

Cet imbécile de Jean n'avait pas seulement songé à lui faire le moindre présent.

V

Un doute cruel envahit l'âme de l'oncle Titus : Jean avait-il vraiment été à Constantinople ? N'avait-il pas fait un autre usage de ses cinq mille francs, usage certainement coupable puisqu'il l'avait soigneusement dissimulé ?

Cette idée se mit à ronger la cervelle du bonhomme. Il essaya des questions à brûle-pourpoint, il tendit des pièges, il tenta d'interroger habilement Paul. Rien! rien! rien! toujours le même mystère.

Un jour que l'oncle et les deux neveux se promenaient aux alentours de la gare, ce qui est la distraction fondamentale en province, ils virent un groupe se former autour de voyageurs qui venaient de descendre d'un train. En badauds consciencieux, ils coururent le grossir. Au centre, deux Anglais y baragouinaient et, avec eux, une jolie fille vêtue à la musulmane. Du premier coup d'œil Paul reconnut Antonia, parée comme il l'avait laissée. L'histoire était simple ; un de ces insulaires s'en était amouraché, il l'emmenait à la condition qu'elle continuât à porter le costume sous lequel elle l'avait séduit. Du reste, en lui parlant un idiome parfaitement incompréhensible, elle était arrivée à le convaincre qu'elle était, en effet, Orientale. A peine eut-elle aperçu son ancien amant :

— Bonjouro, mi caro Paulich! lui fit-elle avec

une figure d'intelligence que celui-ci saisit aussitôt.

— Raviso del te visar en excellenta santépoulich ! répondit Paul.

L'Anglais jaloux écoutait et regardait avec inquiétude.

Un plan infernal traversa la tête de l'oncle Titus; il allait voir si Jean, comme son frère, pouvait causer dans sa langue avec une Turque.

— Tu ne dis rien à mademoiselle? fit-il à Jean. Elle a cependant l'air d'être de Constantinople. Parle-lui de sa patrie, ça fait toujours plaisir.

— Vous êtes de Constantinople, mademoiselle?

Et Jean, parlant le meilleur turc du monde, s'avançait d'un air gracieux. Antonia le regardait d'un air hébété. Il recommença. Pour le coup l'Anglais n'y tint plus et lui envoya une gifle énorme, à laquelle l'autre Anglais ajouta un coup de pied dans ce que nous appellerons, si vous voulez, les Dardanelles, parce que, au temps des melons, on en perd facilement la clef.

Ce fut une bagarre épouvantable. Jean fut arraché par Paul des mains de ses agresseurs. Mais l'idée de l'oncle Titus était désormais fixée. Jean n'avait jamais été en Orient. Jean s'était moqué de lui. Il vient de le rayer de son testament. Heureusement que Paul est bon frère. Morale : il vaut mieux rester chez soi à gobichonner avec ses compatriotes que d'aller courir les pays lointains.

LA BELLE BRABANÇONNE

LA BELLE BRABANÇONNE

I

— Oui, mesdames et messieurs, bien qu'âgée de vingt-deux ans à peine, cette jeune personne pèse le poids extraordinaire de cent soixante-dix kilos. Elle n'en est pas moins bien proportionnée et parle deux langues. Après avoir mérité les suffrages de toutes les cours d'Europe et de tous les savants étrangers, elle n'a voulu recevoir qu'à Neuilly la consécration de sa renommée ! C'est dix centimes par personne. Entrrrez, mesdames et messieurs, on commence l'explication à l'intérieur !

Et M. Catinet, ancien notaire, ayant eu des malheurs et devenu impresario forain, tapait majestueusement, du bout de sa baguette, l'image flottante sur la toile et monstrueuse du phénomène annoncé, tandis que Taupin, un affreux moricaud, précipitait sur la peau sonore d'un tambour le roulement de deux méchants morceaux de bois. Tout autour d'eux, c'était le vacarme de la fête, l'effroyable symphonie des trombones s'étirant dans l'air déchiré, des grosses caisses s'essoufflant, des cymbales éternuant, des clarinettes geignant et des orgues excitant l'impassible course des chevaux de bois; c'était aussi le parfum mêlé des beignets en plein vent que sucre la poussière, des galettes chaudes où triomphe la margarine et des verdures proches du Bois de Boulogne qu'un souffle du soir apportait ; c'était aussi le fourmillement odieux de la foule, un océan de têtes d'où, comme des îlots mouvants, émergeait la charge vivante des fiacres découverts où des filles et des crétins bien faits pour leur tenir compagnie jouaient du mirliton, lentement emportés sous la lumière vacillante des lampions. Et cela durait deux kilomètres de long, entre deux bordures de saltimbanques et de boutiques, d'entrepreneurs de jeux et de montreurs de curiosités, dans un piaillement d'oiseaux captifs que réveillait le mobile rayonnement des feux électriques, dans un gémissement de grands fauves humiliés sous le fouet des dompteurs. Et le crépitement des tirs! Et le claquement interrompant le roulement des loteries! Rien ne manquait à la gaieté publique.

Au dedans de la petite tente devant laquelle nous vous avons montré MM. Catinet et Taupin, la belle Brabançonne somnolait doucement, en attendant que le public du dehors fût assez nombreux pour qu'il y eût lieu de donner une représentation. Elle somnolait sur sa haute chaise, sous un dais de calicot rouge et derrière les rideaux déteints qui servaient de porte mobile à ce sanctuaire. Très décolletée, chaussée de bottines carminées avec des bas de coton à jours, elle portait une robe de satin qui avait été bleue, sous la Restauration, et une lourde chaîne de chrysocale attachait à son corsage une montre imaginaire. Elle n'avait pas d'ailleurs sa pareille pour sourire aussi longtemps que durait l'exhibition de ses charmes plus abondants que choisis, et pour prononcer la phrase sacramentelle : Et maintenant, je vais vous montrer mon petit mollet. Au demeurant, une femme colosse, consciencieuse et sachant son état.

II

Donc, elle somnolait, quand un coin de la toile qui servait d'enceinte à cette salle de spectacle primitive, meublée de quatre bancs vides, se souleva furieusement; un homme en sortit en s'écrasant

pour la tenir au-dessus de sa tête et bondit à l'intérieur, pâle, essoufflé, les vêtements en désordre et coiffé d'un chapeau assez semblable à un soufflet de forge. Interrompue dans sa rêverie, la belle Brabançonne ouvrit brusquement les rideaux de son reposoir, poussa un cri et se leva épouvantée :
— De grâce, ne me perdez pas, mademoiselle, supplia l'inconnu d'une voix étouffée. Je suis poursuivi par un mari jaloux. Donnez-moi asile ! Cachez-moi ! Mon portefeuille, ma bourse, ma montre, tout est à vous, et je vous ferai encore des billets si vous l'exigez.

Les grosses personnes ont généralement bon cœur. Logé plus à l'aise que chez les maigriottes et plus éloigné du vésicule où s'élabore le fiel, cet organe s'ouvre volontiers, chez elles, aux aimables sentiments de la tendresse et de la pitié.

Méfiez-vous donc des chafouines, mes compagnons, et choisissez vos maîtresses, voire vos femmes bien plus encore, parmi les belles créatures monumentalement taillées en chair savoureuse. Outre que le champ des plaisirs permis y est plus ample, vous trouverez que leur valeur morale est en proportion de leur abondance physique, ce qui est pour moi une des grandes sagesses de la nature, qui veut que quantité et qualité chez la femme aillent de pair ici-bas. La belle Brabançonne fut donc fort émue. Après avoir jeté sur le malheureux un regard baigné de compassion, elle frappa à la devanture du théâtre. M. Catinet arriva. Il prit d'abord un air de fureur vertueuse en apercevant un homme dans le temple de la vestale dont il s'était fait le gardien. Mais l'inconnu ayant recommencé son boniment, en y ajoutant la pantomime d'un monsieur qui n'a rien à refuser à ses sauveurs, M. Catinet s'humanisa. Il eût été digne d'être le directeur d'une de nos grandes scènes, tant il était fait, à la fois, de dignité et de friponnerie. Il accepta sans hésiter le portefeuille, la bourse, la montre du quidam et ne refusa pas davantage une fort belle bague. En même temps, il le regardait et, son plan tracé, tout prêt à être déposé chez un tabellion :

— Maintenant, monsieur, dit-il, le moyen le plus sûr est que vous preniez les vêtements et la place de mademoiselle. Vous êtes grassouillet, imberbe et assez appétissant de ton. Vous ferez une excellente géante. Agissez vite, pendant que Taupin s'escrime sur sa caisse et que moi-même je vais reprendre l'annonce interrompue. Mademoiselle va vous apprendre ce que vous avez à dire et à montrer et ira se promener ensuite. Je n'ai pas besoin de vous recommander de vous conduire en femme du monde avec les clients.

Ravie d'avoir quelques heures de liberté, la belle Brabançonne ne se le fit pas dire deux fois. Un instant après, sa coiffure de plume, sa robe d'azur, sa chaîne de toc, ses bas transparents avaient passé sur la tête, les épaules et les jambes de son remplaçant. — Bonne chance ! lui dit-elle en disparaissant affublée d'un vieux waterproof qui la couvrait tout entière.

III

Avoir lu le matin même dans le *Journal officiel* sa nomination au poste de substitut du procureur de la République dans une de nos grandes cités provinciales, et se trouver le soir, décolleté, empanaché comme une autruche, perché sur l'estrade d'une baraque foraine et obligé de montrer son mollet à tous les militaires, en leur disant : Vous pouvez tâter, ça ne vous brûlera pas les doigts... quel rêve ! ou mieux quel cauchemar ! Défendre sa cuisse contre l'impertinence des indiscrets, quêter des sous dans une tirelire et entendre les plaisanteries cochonnes des gens mal élevés, quelle aggravation d'une situation déjà difficile Comment M. Alcide des Oursins en était-il venu là? Par l'inconduite, morbleu, et ne comptez pas sur moi pour le plaindre. Pourquoi, tout en préparant son doctorat en droit, avait-il fait une cour absolument dénuée de platonisme à la femme de son hôtelier, à madame Bazèges? Je sais bien que celle-ci était charmante, et que Bazèges était remarquablement idoine au noble état de cocuage. Mais le mariage est une institution sacrée, nécessaire au bien des peuples, et que ceux-ci ont grand souci d'améliorer à mesure qu'ils se civilisent. C'est ainsi que nous lui devons aujourd'hui les bienfaits du divorce, ce qui ajoute encore à la somme de ses mérites antérieurs. Je vous répète que M. des Oursins était inexcusable. Il n'est pas d'ailleurs de secret éternel autour des amours coupables. Il était clair, pour Alcide, depuis plusieurs jours, que Bazèges avait tout appris, bien qu'il ne lui témoignât rien de son légitime ressentiment. Mais les colères rentrées des maris trompés n'en sont que plus redoutables. Pour se distraire de ses terreurs, Alcide était allé à la fête de Neuilly. Qu'avait-il aperçu au détour d'un manège? L'homme même qu'il fuyait, et il lui avait trouvé un air sombre qui ne promettait rien de bon. Etant parvenu à s'esquiver, il l'avait revu plus sinistre et plus menaçant aux abords d'un panorama. Il était clair que Bazèges le suivait. M. des Oursins avait le courage civil, celui que les poltrons ne manquent jamais de s'attribuer. Affolé, il avait voulu disparaître à l'instant et, se glissant entre les baraques, était venu s'acculer à celle de la belle Brabançonne. Vous savez le reste. Ah! la soirée lui parut longue, à exhiber sa jambe à toute la garnison de Courbevoie! Enfin, le bruit de la foule était moins dense ; les lumières de la fête pâlissaient. M. Bazèges était rentré chez lui sans doute. Dans un instant il en aurait fini avec ce déguisement grotesque et cette ridicule occupation. Et il prenait patience, tout en répétant à chaque nouveau venu : Vous pouvez tâter, mon ami, ça ne vous brûlera pas les doigts!... en attendant qu'il défendît, magistrat austère, la société dans les prétoires départementaux.

13.

IV

Comme la représentation allait finir, les doigts endoloris de Taupin ne tirant plus du tambour que des roulements d'agonie et M. Catinet, lui-même, défendant mal son annonce en plein vent, d'un enrouement qui lui donnait la voix d'une crécelle, un homme grave dont le collet relevé dissimulait les favoris s'approcha de l'impresario. Sans dire un mot, il lui glissa un louis dans la main en échangeant un regard d'intelligence avec Taupin. C'était Taupin, en effet, Taupin absolument ignorant de ce qui s'était passé à l'intérieur de la baraque, qui, dans la journée, avait instruit ce personnage du prix des faveurs secrètes de la belle Brabançonne. Car vous savez que ces femmes géantes sont poursuivies par un tas de maniaques. M. Catinet, à qui aucun métier ne faisait peur et qui partageait, sur l'odeur de l'argent, les idées de Vespasien lui-même, était l'intermédiaire naturel de ces négociations d'un goût fort douteux. Bien qu'habitué donc à ce genre d'affaires, son clerc ne l'ayant pas tenu au courant de celle-ci, l'air étrange de l'inconnu lui fit penser tout autre chose. Il s'imagina que c'était le mari jaloux qui s'était fort bien aperçu que l'amant poursuivi s'était caché dans son théâtre et qui venait le prier de le lui livrer moyennant gratification. Et pourquoi pas? C'est servir la morale qu'aider au châtiment de l'adultère. Le vieux gredin prit donc l'argent et, amenant doucement son nouveau et généreux client jusqu'au bout de la toile extérieure, il lui montra, derrière les planches, la lourde voiture qui lui servait, à lui et à ses pensionnaires, de maison roulante : — Là, lui dit-il, dans un instant.

Et, un instant plus tard, en effet, tandis que M. des Oursins, la recette terminée, se dépouillait à la hâte de ses oripeaux, dans le chariot couvert, heureux d'en être quitte ainsi, un bruit se fit derrière lui et un gros baiser lui sonna sur l'épaule, tandis que sa main était tendrement saisie. Il se retourna stupéfait et se trouva vis-à-vis de M. Bazèges. Celui-ci, à son tour, poussa un cri de stupeur et faillit tomber à la renverse. M. Bazèges, en effet, qui avait le goût fâcheux des colosses, et que les appas copieux de la belle Brabançonne avaient séduit, croyait avoir été introduit auprès d'elle. Car il était à cent lieues de se douter des infidélités de madame Bazèges, et ce que cet imbécile d'Alcide avait pris pour la sourde fureur d'un jaloux, était tout simplement la préoccupation où nous met le désir obstiné d'une femme nouvelle. Ils restaient donc cois en face l'un de l'autre. Il est des situations où tout est préférable à une explication catégorique. Ils eurent l'esprit de le sentir. — Bonjour, cher ami, dit Alcide à son hôtelier, après un long silence. — Bonjour, mon bon monsieur des Oursins, répondit celui-ci sur le même ton, c'est-à-dire comme si leur rencontre était la plus naturelle du monde.

— Si nous allions prendre un bock ? — Volontiers.

Et Alcide ayant terminé sa toilette, j'entends étant rentré dans ses habits masculins, ils s'éloignèrent bras dessus bras dessous en devisant affectueusement.

M. Catinet fut enchanté de sa journée.

LEÇON DE DANSE

LEÇON DE DANSE

I

L'être ou ne pas l'être, voilà le grand problème. Être et avoir été, voilà l'impossibilité. Le noble baron de Fessebrune était pour prouver l'un et l'autre. Avoir été un des plus sémillants officiers de la garde impériale, porter un nom fameux au temps des croisades où les Fessebrune avaient joué un rôle bruyant, s'être entendu comparer à Lauzun, posséder vingt coffrets pleins de souvenirs de femme, était-ce vraiment la peine pour vieillir seul, dans une façon de castel abandonné, également trahi par les femmes et par la renommée? Tel était cependant le sort de cet ancien beau, de cet ancien brave, de ce double débris! Lui-même s'indignait quelquefois de cette double trahison de la fortune, las qu'il était de contempler, au-dessus des portes vermoulues de sa vieille maison, le fier blason des ancêtres écorné et rougi par les mousses, ou bien de poursuivre mélancoliquement un lièvre dans les avenues d'un parc aux avenues herbeuses, aux taillis mal peignés. Alors le regret de ne s'être pas marié bourgeoisement, comme tant d'autres, lui venait, bien que la pratique d'une vie orageuse lui eût donné, de la vertu des femmes, une opinion n'engageant pas précisément à nouer, avec ces péronnelles, des nœuds éternels. Il les avait beaucoup aimées — celles des autres, s'entend — et elles le lui avaient beaucoup rendu — aux dépens des autres, s'entend encore. Car les sacrifices qu'on se fait, en amour, consistent généralement dans le bonheur d'autrui. Plus on aime, plus on est prodigue de cette monnaie qui, en vérité, ne nous coûte guère. L'être ou ne pas l'être, c'était le problème, — l'être, c'était l'immense probabilité à tous les âges, la certitude au sien.

Tout ne valait-il pas mieux cependant, voire le chapeau de Sganarelle, que cette solitude désespérée dans un coin de province ignoré des touristes eux-mêmes et que méprisaient les géographes qui, ne sont pas difficiles pourtant, dont les politiciens, qui le sont moins encore, daignaient s'occuper à peine en temps d'élections? Certes. Et à force de méditer sur ce thème douloureux, tout en contemplant ses écussons et en embêtant les lièvres, notre baron en était venu à concevoir une idée qui aurait dû lui valoir une loge au grand théâtre de Charenton, ce qui est plus aisé qu'à l'Opéra, l'idée de réparer tardivement l'ancienne omission et de se refaire l'existence autrefois manquée, l'existence à deux, pleine de soupçons et d'angoisses, mais aussi de tendresses et de pardons. Être et avoir été! voilà la folie que caressait ce bonhomme. Et il la caressait des plus doux raisonnements et des sophismes les plus flatteurs. Il se disait, qu'ayant beaucoup étudié sur le vif la fourberie féminine, il en aurait raison plus aisément qu'un autre. Car notez que le drôle n'était pas résigné du tout à la fatalité commune et n'entendait céder même un pouce de son honneur. Il se disait encore, qu'en élevant à lui une jeune fille sans fortune, sans naissance, sans espoirs heureux, il obtiendrait de sa reconnaissance la fidélité qu'on ne saurait quelquefois demander même à l'amour. *Stultus ego!* eût-il pu s'écrier en latin comme le berger de Virgile. Est-ce que la beauté n'est pas une fortune, la grâce une aristocratie, la jeunesse un immortel foyer d'espérances! Toujours l'exemple immoral et biblique de Booz couchant avec Ruth. Eh! mon Dieu! qui prouve que Booz n'ait pas été cocu? En tous cas, il l'avait bien mérité.

Et voici comment, par une série de raisonnements absurdes, par une naïveté bien plus absurde encore de mettre en pratique ses propres raisonnements, notre baron de Fessebrune avait été conduit à demander solennellement la main de mademoiselle Noémie Petzouille, fille du sieur Petzouille, huissier à Charançon-sur-Dringue, veuf en même temps qu'huissier et positivement ravi de se débarrasser de sa race dans d'aussi glorieuses conditions. Car c'était pour donner à ses panonceaux de porteur de protêts l'éclat d'antiques armoiries et lui faire chercher, dans l'histoire des croisades, quelque Petzouille héroïquement blessé ou mort de la gale à côté d'un Fessebrune. Ainsi la vanité d'un croquant avait fusionné avec la sottise d'un gentilhomme pour pourvoir Noémie d'un aussi monstrueux époux.

II

Ni brune, ni blonde, mais brune et blonde à la fois, ayant, sur des cheveux bruns d'admirables reflets d'or et, dans des yeux foncés, de pâles et mourantes étincelles, Noémie possédait ce genre de beauté double, équivoque, malaisé à définir et que je signale, aux amoureux, comme particulièrement redoutable. Il y a de tout dans ces natures complexes, des caresses infinies et d'implacables colères, des abandons charmants et des ironies impitoyables, un instinct perfectionné de trahison, un don d'hypocrisie rare, même chez le sexe dont la tromperie est le véritable élément. Embarquez votre rêve sur la mer d'ombre des sombres chevelures ou sur le fleuve de miel des blondes crinières, mais non pas sur ces eaux changeantes où l'image du ciel alterne avec la profondeur béante des abîmes. Il ne faut pas faire toutefois Noémie plus mauvaise qu'elle n'était en réalité. Enchantée d'être baronne, elle avait sincèrement résolu, tout d'abord, de rendre heureux monsieur le baron.

Elle y parvint d'ailleurs sans grande peine, le pauvre vieux buvant, comme un rayon de soleil ou comme un verre de vin réchauffant, le rayonnement tardif de cette éclatante jeunesse. Ce qui lui restait de force pour soulever le verre, nous ne le chercherons pas. Etait-ce peut-être, en arome seulement, comme certains ivrognes très délicats, qu'il se saoulait de cette crinière opulente aux fauves lumières, de ce beau teint mat aux éburnéennes blancheurs, de ces chairs roses et fermes qu'enserraient de si harmonieuses lignes? La joie des regards suffit aux sages de son âge. Comment d'ailleurs eût-il pu souffrir de ce qui faisait sa joie, en devenant jaloux de tant de charmes! Il habitait seul, avec sa jeune femme, le moins fréquenté des châteaux, sans amis, sans visiteurs, sans voisins, dans une façon de Thébaïde où se complaisait son rêve.

O fatalité des camaraderies anciennes et séculaires! Le comte Flagellant de Bellepointe avait eu aussi des aïeux dans l'armée de saint Louis, et lui-même avait servi dans la garde, au même régiment que notre Fessebrune. Il avait un neveu officier de hussards en garnison dans le chef-lieu du département et ne trouva rien de mieux que de le recommander à son vieil ami. Le baron avait déjà acquis une confiance absolue dans sa femme et l'idée d'avoir un partenaire au bésigue, tout en causant des vieux souvenirs, lui fit ouvrir sa porte toute grande au neveu de son compagnon d'autrefois. Le capitaine — ce Flagellant de Bellepointe junior était capitaine — pénétra, sans arrière-pensée, je le déclare tout d'abord, dans ce sanctuaire d'amours séniles, d'une part, et de désirs ardents de l'autre. Mais dès qu'il eut vu Noémie, il rêva d'une hospitalité plus complète et trouva que la table de son hôte ne lui suffisait plus. L'appétit lui était venu d'autres lièvres que ceux dont le trépas occupait les cynégétiques plaisirs du baron. S'il lui en fallait courir deux à la fois, il renoncerait évidemment à celui qui se mange en civet. Une soif de baisers adultères lui brûlait aux lèvres et le jour où il pourrait boire à pleins baisers ne devait pas tarder longtemps.

III

Tout d'abord, le baron ne s'aperçut de rien. Il lui fallut, pour s'inquiéter, la surprise de signes d'intelligence entre Noémie et le capitaine. Alors il surveilla, observa, espionna. Mais Noémie était fine, et, tout d'abord, il en fut pour ses humiliantes démarches et ses embûches maladroites. Cependant le doute demeurait en lui, et il eut recours au plus naïf des pièges pour connaître la vérité, à ce voyage imaginaire que nécessitent des affaires de famille et qui donnent aux amants de menteuses tranquillités.

Ah! le fait est que, le soir même de ce feint départ, ils étaient bien tranquilles dans le petit salon de la baronne, que Fessebrune avait délicieusement meublé pour elle et pourvu d'un Erard anthentique coûteusement venu de Paris! Il est minuit et tous les domestiques sont couchés. On n'entend pas ce que se disent Noémie et le capitaine, mais leur pantomime est la plus éloquente du monde. Il conjure. Elle minaude. Que demande-t-il? Plus tard! a-t-on l'air de lui répondre. Tout à coup Noémie se lève et retourne au piano grand ouvert. Elle tourne des pages de musique et force le capitaine à chanter une mélodie, très passionnée et très tendre sans doute. Car il roule des yeux de castor mourant et met à plusieurs reprises la main sur son cœur. A la danse maintenant. Elle s'est levée et, sur un motif que chantonne l'officier entre ses moustaches, comme on le peut deviner au mouvement de ses lèvres, ils esquissent un pas de danse ancienne remise à la mode. Le capitaine sait mieux qu'elle : car s'étant remise au clavecin, tout en jouant, elle le regarde gigoter tout seul, faire le gracieux et le joli, arrondir les jambes, enguirlander les bras et semble prendre, à cette leçon, infiniment de plaisir. Puis, de nouveau, elle revient à lui et voici qu'ils s'enlacent, mêlant leurs chevelures, éperdus, vertigineux, si bien que c'est sur un pas de valse qu'ils disparaissent ensemble derrière la vieille tapisserie qui sépare, seule, cette pièce de la chambre de madame la baronne.

Nous n'y pénétrerons qu'un instant après... qu'un peu de temps même, et à la suite du baron se dressant comme une ombre, la tapisserie ayant été, tout à coup, soulevée de nouveau.

— Obéissez ! ou vous êtes morts ! fit-il, en pénétrant brusquement dans la chambre, toute pleine d'odeur de roses effeuillées, et en leur intimant l'ordre de rentrer, devant lui, dans le salon, de sa main droite où brillait un revolver.

Dans le déshabillé sans armes où ils étaient, machinalement ils obéirent. Le baron fit ensuite signe, à sa femme terrifiée, de s'asseoir au piano. Elle le fit. Lui-même s'asseyant, sans cesser de braquer sur eux le canon luisant de l'arme :

— Capitaine, fit-il d'un ton gracieux, vous m'avez paru tout à l'heure avoir une voix charmante. Recommencez donc, pour moi, le petit morceau que vous avez chanté.

Que faire? Le capitaine était brave, et certainement il eût préféré la mort à cette scène d'humiliation. Mais sa mort c'était le scandale, et la réputation de la baronne foulée aux pieds des manants. Peut-être arriverait-il, à force de soumission, à désarmer son bourreau, quitte à se venger plus tard. Il chanta, accompagné par Noémie, comme tout à l'heure.

— Je ne sais pas si c'est une idée, fit le baron, quand il eut fini. Mais il me semble que vous aviez plus de voix, il y a un instant. Maintenant, vous allez me danser quelque chose avec madame? Je veux voir si elle a profité de votre leçon. Je me rappelle l'air. Je vais vous le siffler.

Et l'impitoyable vieillard, toujours dans la même posture menaçante, rythma la cadence aux deux malheureux, tous les deux résolus à aller jusqu'au bout de son effroyable caprice. Ah! ce fut un inénarrable spectacle. Noémie, échevelée, palpitante, était plus délicieuse que jamais dans le désordre transparent de sa toilette et laissant des larmes de rage s'égrener sur sa gorge nue. Mais lui! le capitaine! irrésistiblement comique en bannière, modulant, chemise au vent, son petit pas de menuet, ayant tout à fait l'air d'un boulanger en goguette. Tout à coup, un éclat de rire perça, strident et clair, une fusée de perles joyeusement harmonieuses, un torrent d'hilarité sur de belles lèvres ouvertes à pleines dents! C'était la baronne qui venait d'apercevoir son amoureux dans une glace et qui, devant ce bouffon tableau, s'esclaffait, se tordait, se tenait les hanches, oublieuse du drame où sa propre vie était en danger.

Le baron abaissa son arme sans la quitter.

— Allez-vous-en maintenant! leur dit-il. Emmenez, monsieur, madame que je chasse.

Ils obéirent encore. Que pouvaient-ils demander de plus à qui avait le droit de les tuer, et cela ne devait-il pas être, d'ailleurs, le comble même de leurs vœux? Eh bien, le baron avait eu tout simplement un trait de génie. Jamais le capitaine ne put pardonner à Noémie son rire, et jamais Noémie ne put oublier ce qu'elle avait vu le capitaine ridicule. Ils se haïssent et se voudraient mutuellement trépassés.

Et le vieux? Il reste quelquefois des heures entières dans son fauteuil qu'il ne quitte plus guère, sifflant, entre ses dents branlantes, l'air du menuet qu'il leur fit danser. On assure qu'il pleure quelquefois.

L'être ou ne pas l'être? Il l'avait été. Être après avoir été? Il n'était plus rien qu'un lambeau d'humanité n'ayant gardé de ce qui fait la vie que la force de souffrir !

HISTOIRE INCONGRUE

HISTOIRE INCONGRUE

I

Je ne te prends pas en traître, lecteur que j'espère pouvoir appeler ami. Aussi bien d'autres, plus raffinés que moi, ne te ménageant pas le sel fin et attique, il ne me reste plus qu'à te servir le piment gaulois, dont quelques gousses me sont venues par l'héritage d'un mien aïeul, contemporain de Rabelais. Je ne dédaigne pas le gros rire. Je n'ose dire qu'il soit le propre de l'homme. Mais, tout dans l'homme n'étant pas propre, il en est, si tu veux, le reste. Et maintenant que je t'ai fait des excuses préalables et requis ton indulgence pour la joyeuseté, excessive peut-être, de ce récit, j'entre en matière, cette locution semblant avoir été imaginée précisément pour mon cas.

Suis-moi donc au vieux château de la Pétardière, longtemps habité par une race de preux dont le plus anciennement connu mourut de peur du bruit qu'il fit lui-même, en s'asseyant, à Roncevaux, sur le cor de Roland ; dont le plus célèbre perdit glorieusement à Pavie, en prenant le premier de la poudre d'escampette, ce que François Ier y avait gardé ; sans omettre le fameux Gontran Pétaud de la Pétardière, grand oyseleur de Louis XI, spécialement préposé à la cage du cardinal La Balue, et Bernard Leloup de la Pétardière, nourrice sèche des petits chiens de Charles IX, et Guy Lechat de la Pétardière, qui rapporta de Palestine une gale dont trois femmes, les siennes, moururent successivement en se grattant. Cette suite non interrompue de héros avait porté très haut, dans les fastes nobiliaires, le nom des Pétaud de la Pétardière. Hélas ! il ne demeure aujourd'hui de tout cela qu'une des oubliettes du manoir dans laquelle un paysan sacrilège met en cave ses fromages et son vin, Aussi, pris d'horreur pour le temps impie où nous vivons, je remonte le cours des ans, et nous voici, si tu y consens, séparés par deux siècles de l'âge auquel le citoyen Joffrin rêve de donner son nom.

II

Le Pétaud de la Pétardière en vigueur, à cette époque, était un assez bon enfant qui ne rossait, de temps en temps, ses vassaux que pour s'amuser et non pas par méchanceté. Quant à jamber ses vassales, il n'y pensait plus depuis longtemps, étant homme d'âge et très confit en dévotion tout comme sa femme Gertrude, une vieille chipie qui l'avait fait cocu à tire-larigot, mais s'en repentait à rosaire que veux-tu. Aussi la vie du page de la maison, le jeune et bel Izolin, était-elle la plus mélancolique du monde entre ces deux

Débris d'humanité pour l'éternité mûrs,

comme dit un beau vers de maître Baudelaire. En carême surtout; car maigres et jeûnes faisaient rage dans le castel, et c'était une telle débauche de farineux que le dieu Éole qui, lui aussi, s'était converti, avec presque tous ses collègues de l'antique Olympe, mais discrètement et non pas comme les juifs qui se font vingt mille livres de rente en feignant de se faire rentoiler par le baptême, venait accomplir là ses dévotions, à grand renfort de musique sacrée. Mais Izolin se moquait pas mal de cette boursouflante nourriture et cette mélodieuse alimentation le trouvait sans révolte. Il aimait ! il aimait, comme tout page au courant de son état, la pupille de dame Gertrude, damoiselle Isabeau, une fille blonde très agréable en chair et fort habile, ma foi, à enluminer les missels. Les arts d'agrément — et celui-là n'a pas les inconvénients du piano — sont certainement un charme chez la femme. Mais je les donnerais tous, y compris celui de harper comme Sapho ou Corinne, pour quelques centimètres d'assiette de plus. Izolin, bien plus jeune

14.

que moi, était absolument de mon avis et les hanches rebondies de damoiselle Isabeau lui étaient infiniment plus sensibles que son talent de peintre. Non pas qu'il en eût rien obtenu encore, mais il était plein d'espoir et nous faisons connaissance avec eux précisément le jour où cette chaste personne lui avait solennellement promis de le venir trouver dans sa chambre, aussitôt que leurs gâteux de maîtres seraient couchés.

III

Et quelle chambre pour y recevoir une femme ! Quatre murs noirs et une couchette de bois, à peine recouverte d'une façon de matelas mince comme un papier à cigarettes, si basse sur pieds qu'il fallait commencer par se mettre à quatre pattes pour s'y étendre. Quand je dis une, une autre couchette toute pareille et également somptueuse faisait face à celle où Izolin avait coutume de prendre son torticolis quotidien, le long de la cloison opposée. Et c'était tout. Le châtelain entendait qu'on se mortifiât en ce monde, surtout durant la quarantaine qui précède le saint jour de Pâques. Mais que faisait à ces enfants la pénurie des meubles ou le triste aspect de ce réduit ! N'y apportaient-ils pas en eux-mêmes un palais des Mille et une nuits, incendié de lumière et resplendissant de pierreries? L'amour est le grand magicien qui transforme le décor sur sa route et tend partout, sur son chemin, la toile de fond du rêve. Donc, la nuit, tant espérée, enveloppant de son ombre les tourelles du manoir, Izolin, retiré dans son appartement, était plein de frémissements délicieux de l'attente, quand la cloche tinta par trois fois. Ayant mis le nez à la lucarne, il vit le pont-levis s'abaisser et un serviteur, une torche à la main, introduire, avec force salamalecs, un gros personnage dont le chef était coiffé d'une pointe. Cette pointe était celle d'un capuchon, et le gros personnage, un moine mendiant qui venait demander le vivre et le couvert, l'hospitalité de quelques heures ou de quelques années, suivant la bonne volonté des clients. Le malheureux Izolin prévit immédiatement le contretemps qui le menaçait. En effet, moins de vingt minutes après, — le temps d'engloutir quelques livres de haricots, — on amenait le moine dans sa chambre, en lui enjoignant, à lui-même, d'avoir à lui offrir le grabat qui y demeurait libre. O roches Tarpéiennes voisines des Capitoles! ô vains espoirs évanouis en fumée! un tel compagnon au lieu d'une belle compagne! le bruit des ronflements ecclésiastiques substitué à la musique parfumée des baisers! Izolin fit une fière grimace. Mais il n'avait pas le choix. Après avoir très sommairement souhaité le bonsoir à son hôte, il souffla la lumière pour n'avoir pas à contempler le bedon désordonné du religieux et pour évoquer, du moins en songe, l'image de celle qu'il aimait.

IV

Impossible! Frère Lubricien (ainsi s'appelait l'homme de Dieu) avait le sommeil le plus bruyant du monde. On eût dit qu'il avait avalé des orgues.

Bientôt des gémissements firent une basse lamentable à ses variations nasales et autres.

— Qu'avez-vous, mon père, à vous lamenter de la sorte ? lui demanda le pauvre Izolin épouvanté.

— Hélas ! mon fils, répondit le religieux, une méchante colique me met l'enfer au ventre. Je ne le saurais contenir plus longtemps.

Izolin sentit comme une fleur de vengeance s'épanouir dans son cerveau. C'était une diversion opportune.

— Mon père, fit-il d'une voix très hypocrite, je n'ai pas de lumière, mais je connais à merveille tous les détours de la maison. Si donc vous voulez vous lever et me prendre la main que je vous tends, je vous conduirai, dans l'obscurité, là où vous attend la délivrance.

— De grand cœur, mon fils, répondit frère Lubricien, et c'est une bonne action qui vous sera certainement comptée là-haut.

Izolin prit le moine par la manche et le promena, un quart d'heure durant, dans l'ombre épaisse, le faisant virer à droite, à gauche, de façon qu'il ne pût plus se rendre compte du chemin parcouru et de l'endroit où il était.

— Nous y sommes, fit-il enfin. Mais n'allez pas vous asseoir imprudemment, les choses étant en grand état de vétusté. Penchez-vous en arrière juste ce qu'il faut, en vous tenant après mon cou pour ne pas choir.

Emerveillé de la charité de ce jeune homme, frère Lubricien entonna un *Te Deum* de reconnaissance.

Izolin le fit encore marcher longtemps dans la nuit.

— Couchez-vous maintenant. Vous voilà revenu près de votre lit, lui dit-il enfin.

— Grand merci encore ! soupira le religieux.

Et Izolin se sauva. Il se sauva pour rire à son aise de l'idée qu'il avait eue. N'avait-il pas profité de l'inconscience absolue du moine perdu dans l'obscurité et ne se rendant plus compte de rien pour lui faire satisfaire, au-dessus de son propre matelas, le malhonnête besoin qu'il avait manifesté !

V

Comme il s'esclaffait tout seul dans le corridor :

— Est-ce vous, Izolin ? murmura une voix très douce.

C'était Isabeau qui, elle aussi, comme une chatte énamourée, ne pouvant goûter aucun repos, errait à travers le castel.

Ils gémirent un instant ensemble sur le sort jaloux qui les avait si inopinément séparés. Tout à coup, un bruit épouvantable retentit. Le moine venait de lancer un ronflement à jeter une cathédrale par terre.

— Ne s'est-il donc aperçu de rien ? pensa Izolin désappointé. Eh bien !... il n'est pas délicat !

— Cet homme dort si bien ! dit tout bas damoiselle Isabeau, et la nuit est si sombre ! Nous pourrions nous glisser tout doucement et sans bruit dans la chambre. Il ne s'apercevrait de rien.

Ce menu propos faillit rendre Izolin fou de bonheur. Prenant sa bien-aimée par la main, il la conduisit jusqu'auprès de son propre lit, et l'invita à s'y faufiler la première.

Elle obéit. Mais elle n'y fut pas plutôt assise sous les draps qu'elle ne put retenir un cri d'horreur.

Cet animal de frère Lubricien, ayant cru s'apercevoir que le grabat d'Izolin était meilleur que le sien, avait profité de la courte absence de celui-ci pour opérer une substitution qu'il croyait à son avantage, le tout doucereusement et sans vacarme, comme ont coutume de faire les chattemiteux.

Aussi la méchante farce d'Izolin avait tourné contre l'innocente Isabeau.

Celle-ci, affolée, s'enfuit de la couchette, et s'en vint, grâce à l'ombre, tomber précisément dans celle du moine. Izolin l'y poursuivit, et ce fut une véritable bataille que termina l'apparition stupéfaite du sire de la Pétardière, attiré par le vacarme, et entrant une chandelle à la main.

Très borné de nature, ce gentilhomme ne comprit absolument rien à ce qui s'était passé. Il fit des excuses au moine, donna un coup de pied au derrière à Izolin, et emmena la pupille de sa femme par une oreille. Notez que s'il eût été parfaitement au courant des faits, il n'eût pas agi autrement. C'est ainsi que la justice tombe quelquefois juste, tant le hasard est grand!

LE FALOT

LE FALOT

I

La nommerai-je, la ville de l'Est où se passa l'aventure que je vais vous conter? Ma foi, non ! La chose étant de tout point véridique et, si nous songeons à la suite des temps, récente, je ne gagnerais à être indiscret que de soulever quelque susceptibilité légitime et rancunière. Sachez seulement que la cité avait fait vaillamment son devoir, durant la dernière guerre, et que ce fut une des dernières qu'occupa l'ennemi, quand un lambeau de notre territoire servait encore de gage à notre coûteuse rançon. Enfin le milliard suprême était versé aux mains du vainqueur! Un soupir de soulagement montait de toutes les poitrines. On avait suivi d'un hurrah de délivrance le régiment poméranien à peine visible déjà dans la poussière empuantie que soulevait le rythme de ses lourdes bottes. Ils étaient partis, les odieux garnisaires, ne laissant derrière eux qu'une odeur obstinée de beurre rance, et les pièces d'horlogerie trop massives pour être commodément emportées. Tara ta ta! tara ta ta! Saluez la joyeuse clameur des trompettes. C'est un escadron de cuirassiers français qui revient prendre possession de la caserne et y planter le drapeau tricolore, dans les plis duquel flotte l'héroïque légende de Reichshoffen. De beaux gaillards, tous jeunes, — car les anciens sont tombés sous la mitraille lointaine, — mal montés sur de grands chevaux efflanqués, mais superbes cependant, avec l'air martial de lurons qui sauront faire ce qu'ont fait leurs aînés : mourir, sinon vaincre! La population tout entière est venue au-devant d'eux, bourgeois et ouvriers, hommes et femmes, tout ce qui sent au cœur l'ineffable joie du pays recouvré, et les petits enfants sont grisés par la voix du cuivre et dodelinent de la tête en marquant le pas derrière les clairons. Les cavaliers descendent ; on s'embrasse, et le vin circule, et les lèvres se suivent sur les verres sans dégoût. On trinque, on porte la santé de la patrie, et des larmes montent aux yeux quand la *Marseillaise* s'exhale de toutes les bouches, non pas sinistre comme aux heures de révolution, mais triomphante et enflammée comme aux jours de bataille.

— Ce jour est le plus beau jour de ma vie! dit le maire au commandant, en l'étreignant dans ses bras.

Et le brave homme le pensait. Les autres le pensaient comme lui et tous avaient raison de le penser.

II

Six mois après environ, vous auriez pu rencontrer trois hommes mélancoliques et devisant à voix basse comme des conspirateurs, sur une des promenades solitaires de la ville que je m'obstine à ne pas vous désigner plus clairement. M. le maire, — appelons-le Gervais, — l'adjoint Lapoupine et le notaire Tripet, autant dire les trois plus fortes têtes du pays, s'entretenaient avec animation et mystère tout à la fois, comme on en pouvait juger par la vivacité de leur mimique. Nous qui les pouvons suivre, avec les oiseaux, sous le frémissement des feuillages, écoutons-les un instant :

— Ces cuirassiers sont charmants, disait l'adjoint Lapoupine, mais la vie est intolérable aux maris si nous n'obtenons pas leur changement.

— Y pensez-vous! objecta le notaire Tripet. Mais on se moquerait de nous au ministère de la guerre si nous faisions une telle démarche.

— Nous ne pouvons cependant pas nous laisser tranquillement faire... continua l'adjoint. Nos femmes ne peuvent plus sortir le soir sans qu'on leur prenne un tas de choses... Je sais bien que ce sont nos compatriotes et nos libérateurs, mais enfin !

— Les pauvres diables ont si longtemps jeûné ! fit le notaire qui était décidément un résigné.

— Voilà qui m'est bien égal et ce m'est une belle raison pour me laisser planter des cornes ! En vérité, Tripet, vous êtes trop bon enfant. Et leurs officiers qui se mettent de la partie au lieu de les maintenir ! Au moins, les Prussiens...

— Taisez-vous, monsieur, interrompit vivement M. le maire

Puis il ajouta d'un ton douloureux:

— Il est vrai que leurs officiers ne sont guère raisonnables. Tenez ! le commandant qui m'a si chaleureusement embrassé le jour de leur arrivée, le commandant Bois-Guibert, je crois qu'il reluque ma femme. Je voudrais me tromper.

— N'en prenez donc pas la peine. Il s'en chargera ! dit Tripet.

— Oh ! madame la mairesse est au-dessus... reprit l'adjoint qui voulait rentrer en grâce.

— M. Bois-Guibert est un homme séduisant, poursuivit M. Gervais, a trente-cinq ans, et est officier de la Légion d'honneur, comme un peintre. Et cependant ce n'est pas de l'huile, mais du simple sang, le sien, qu'il a répandu pour son pays. C'est un héros et j'excuserais presque ma femme d'être secrètement flattée des hommages d'un pareil homme.

— Mais certainement, dit Tripet, à qui le cocuage semblait, par habitude, un état tout naturel.

— Il faut en finir cependant avec cet état de choses scandaleux ! reprit vivement l'adjoint Lapoupine.

— Rentrons donc à la mairie : j'ai mon idée ! dit M. Gervais.

Et les trois membres de ce concile œcocuménique hâtèrent le pas en se dirigeant vers la maison de ville, durant que les petits oiseaux qui comprennent bien mieux notre langage que nous n'entendons le leur, emplissaient de piaillements moqueurs le silence parfumé des ramées printanières.

III

Le lendemain, dès l'aube, les habitants de la cité que vous continuez à ignorer pouvaient lire sur tous les murs l'avis suivant, imprimé en gros caractères, et précédé de toutes les rocamboles officielles qui donnent aux écrits de cette sorte l'autorité administrative et le sceau de l'authenticité :

Nous, maire de la ville de... etc.

ARTICLE PREMIER.

Invitons les femmes honnêtes à ne plus sortir de chez elles après huit heures du soir.

ARTICLE 2.

Néanmoins, celles qui y seraient forcées par quelque devoir de société ou de famille devront porter un falot allumé.

ARTICLE 3.

Nous prévenons celles qui se dispenseraient de ce soin qu'elles ne seraient plus recevables à se plaindre à l'autorité des agissements de messieurs les cuirassiers.

Signé : GERVAIS.

A peine le commandant Bois-Guibert eut-il connaissance de ce document qu'après en avoir conféré avec ses officiers, il fit lui-même placarder sur tous les murs intérieurs de la caserne un règlement dans lequel les officiers, sous-officiers et soldats étaient prévenus que quiconque d'entre eux oserait porter la main sur une dame munie d'une de ces lanternes ou simplement lui adresser quelque parole inconvenante, serait puni avec la dernière sévérité.

— Nous nous contenterons des autres, fit le capitaine Mourlèche qui était un philosophe dans le genre de Tripet. Car, Dieu merci! la vie militaire, aussi bien que la civile, possède des échantillons de ce modèle bon enfant, toujours satisfait et que rien n'étonne des fâcheuses vicissitudes d'ici-bas.

Comme vous le voyez d'ailleurs, le commandant Bois-Guibert n'était pas seulement un militaire brave et instruit ; c'était aussi un homme de bonne compagnie, conciliant, imbu des immortels principes et n'entendant pas que nos soldats d'aujourd'hui prissent les façons des lansquenets d'autrefois, lesquels traitaient les bourgeois comme ennemis vaincus et se comportaient, en tous lieux, comme en villes conquises. Et son mérite était d'autant plus grand dans l'espèce, que, comme l'avait fort bien deviné ce dignitaire municipal de Gervais, Bois-Guibert était positivement amoureux de madame la mairesse (Estelle dans l'intimité) et avait quelques raisons de ne pas désespérer de l'aventure. Car il n'était pas sans avoir remarqué que la dame se retournait volontiers quand il la suivait et qu'aucune moue de colère ne plissait vilainement ses yeux ni sa bouche. Mais adieu les promenades du soir! Madame Gervais ne sortirait plus seule à la brune ou ne sortirait que le fatal falot à la main! Or il ne pouvait donner le mauvais exemple et risquer un châtiment que lui-même avait édicté. C'était donc son propre bonheur qu'il venait d'immoler sur l'autel de la paix publique, de la morale et de la discipline, en supposant que ces trois divinités raisonnables n'aient qu'un autel à elles trois. Comme il était fort mélancolique de cet acte d'abnégation :

— Que dirai-je donc, moi? lui dit, avec une douceur infinie, le capitaine Mourlèche. Je parie que, dans l'espoir de passer pour d'honnêtes femmes, un tas de catins ne vont plus sortir qu'avec un feu de Bengale sur la cuisse.

Et tous deux allèrent prendre le vermouth, bras dessus bras dessous, comme font toujours les bons officiers quand ils ont de l'embêtement.

IV

— Mon ami, j'ai absolument promis à ma tante Célestine d'aller prendre une tasse de thé chez elle.

— Vous avez eu tort, Estelle ; car, vous saviez fort bien que, le comité d'anthropométrie comparée dont je suis président se réunissant à neuf heures, je ne pourrais vous accompagner.

— Je n'y ai pas réfléchi, mon chéri ; mais nous aurions tort de désobliger ma tante, au moment où sa goutte paraît assez disposée à lui remonter au cœur.

— Allez donc chez votre tante, mais rentrez le plus tôt possible et surtout n'oubliez pas le falot réglementaire. J'ai fait faire le vôtre à notre chiffre, afin de transformer cet utile objet en un petit meuble de luxe tout à fait galant. Vous allez l'étrenner, ma mie. N'oubliez pas de l'allumer, au moins, avant de sortir, et aussi de l'abriter contre les courants d'air trop vifs qui le pourraient éteindre.

— Soyez tranquille, monsieur Gervais !

Une heure plus tard et la nuit tombant déjà, madame la mairesse cheminait, pareille à une grosse perdrix grise sous sa mante, et tenant en main la lanterne instituée par son époux. Un hasard vraiment ingénieux et perfide fit que le commandant Bois-Guibert sortait précisément de sa pension. Vous ai-je dit qu'Estelle professait, au fond du cœur, les meilleurs sentiments et les plus encourageants à l'endroit du vaillant officier? Non. Mais vous seriez les derniers des serins si vous ne l'aviez deviné. Il se mit à marcher mélancoliquement à quelques pas derrière elle, si bien qu'elle pouvait entendre les soupirs qu'il exhalait tout parfumés de chartreuse. Le capitaine Mourlèche rôdait à distance. Il avait rendez-vous, un rendez-vous vague avec une drôlesse, nommée la Marion. En voilà un qui se moquait pas mal des femmes du monde! Cependant le commandant Bois-Guibert, d'une voix très émue, se mit à murmurer dans le dos de la belle mairesse une romance d'amour. Estelle avait cela de bon, c'est qu'elle n'avait jamais pu résister au pouvoir divinement corrupteur de la musique. Haletante, mourante, elle avait à peine la force de se soutenir. Que faire? Et la maudite lanterne! Pourtant elle se sentait vaincue. La Marion venait en sens inverse, fumant une cigarette comme un troupier, au moment où elle la croisa de près.

— Mademoiselle, lui dit-elle d'une voix défaillante, voilà un louis pour vous. Mais gardez-moi un instant ça.

Et elle lui fourrait le falot entre les doigts.

La Marion le prit et s'éloigna en riant.

— Merci! merci! murmura le commandant à l'oreille de sa bien-aimée.

Le diable m'emporte si la tante Célestine, bien que la goutte lui chatouillât déjà les oreillettes et lui taquinât les ventricules, vit sa nièce Estelle, ce soir-là.

. 15.

V

Cinq minutes après on aurait pu entendre le capitaine Mourlèche crier dans ses moustaches :

— Nom de nom ! je l'avais bien dit que les plus coquines brûleraient de la bougie pour se faire prendre pour des saintes !

— Laisse donc, lui répondit doucement la Marion à qui s'adressait ce compliment. C'est une dame de la haute qui me l'a confiée pour s'en débarrasser. Je la lui rendrai tout à l'heure.

— En attendant, éteignons-la.

Et le brave Mourlèche fit la nuit dans la petite cage de verre. Après quoi...

Après quoi, je commence à regretter de m'être embarqué dans ce scabreux récit. En voilà déjà deux qui... que... deux couples dont je me refuse absolument à vous décrire les occupations... subalternes et transitoires, comme disait le brigadier Foiret de la troisième.

Allons donc plutôt faire un tour à ce bon comité d'anthropométrie comparée que préside le vertueux Gervais. Bon! pas de chance! la séance est terminée! Des remerciements unanimes ont été votés au docteur Cucuron pour son beau mémoire sur ce sujet tant controversé: « Un homme de taille ordinaire doit-il être considéré comme un grand nain ou comme un petit géant ? » Le docteur avait conclu à une justesse égale entre ces deux points de vue. Tous ses collègues l'avaient félicité de cette solution conciliante. Puis on s'était séparé. Où diable était allé M. Gervais ? Décidément je suis poursuivi par la déveine, et jamais je n'arriverai à vous raconter une histoire parfaitement honnête. Faut-il vous la dire ? Eh ! oui. M. Gervais, échauffé par deux heures de fauteuil en moleskine, excité par les tropes aphrodisiaques du docteur Cucuron, M. Gervais était allé courir le guilledou. La fatalité voulut qu'il rencontrât la Marion juste au moment où elle quittait le capitaine Mourlèche. Une demoiselle sans falot ! Allons-y gaiement ! Et M. le maire commença sa cour à la hussarde, j'entends en pinçant la taille. La Marion était une fille capricieuse qui n'aimait que la culotte rouge. De plus, elle était pressée, songeant qu'il fallait rendre à la dame sa lanterne pour qu'elle pût rentrer chez son mari. Elle eut une inspiration de fille mal élevée. Elle gifla le galant Gervais. Celui-ci furieux voulut l'appréhender... Pan ! le falot toujours éteint tomba à terre. Alors une idée de vengeance traversa la cervelle du magistrat. — Une dame de la ville, pensa-t-il, qui a soufflé sa lanterne pour faire des farces avec les cuirassiers ! Saisissons la pièce à conviction et à demain l'enquête ! Elle paiera cher son soufflet.

Et plus prompt que l'éclair, malgré les efforts désespérés de Marion pour devancer, puis pour empêcher son mouvement, il ramassa l'objet et rentra chez lui en courant.

Il tomba anéanti sur une chaise et faillit s'évanouir en reconnaissant, à la lumière, le falot qu'il avait si coquettement orné du chiffre de madame Gervais.

Que voulait dire cela?

Etait-ce sa femme qui, pour le surprendre en bonne fortune, avait éteint la petite flamme et lui avait donné une correction?

VI

Il résolut de payer d'audace, tout en étant convaincu que seul il était dans son tort. O naïveté des maris infidèles! Pendant ce temps, madame Gervais, sans lanterne, au comble de l'angoisse, hésitait à rentrer et retardait le moment des explications. Il lui fallut bien cependant se résoudre à réintégrer le domicile conjugal.

— Comment va votre tante Célestine? lui demanda M. le maire d'un ton railleur.

— Plus mal! beaucoup plus mal! répondit sans hésiter madame Gervais.

Car si elle avait eu la bêtise de dire que sa tante allait mieux, le retard de sa rentrée ne s'expliquait plus.

— Où est votre falot, je vous prie?

La pauvre femme ne trouva que ceci:

— Il s'était éteint et, dans l'obscurité, l'ayant laissé tomber, je n'ai pas su le retrouver.

Cette repartie, inepte en apparence, était tout simplement un trait de génie. Au reste, je soupçonne les traits de génie de ne s'être jamais faits autrement.

— Sauvé! pensa M. Gervais. Ce n'est pas elle qui m'a giflé. L'autre était simplement une intrigante qui avait ramassé la lanterne perdue par ma femme.

Se sentant fort, il voulut faire le sévère.

— Et comment aviez-vous laissé éteindre votre lanterne, madame?

— Mon ami, c'est un grand vent qui a soufflé tout à coup.

— Vous n'aviez donc pas l'œil dessus?

— Au contraire.

— Je vous avais dit de mettre, en pareil cas, le falot sous votre cotte.

Alors, rougissant jusqu'aux oreilles, madame Gervais répondit :

— Mais, mon chéri, c'est ce que j'avais fait.

LA CLEF D'UN SONGE

LA CLEF D'UN SONGE

I

Les anciens ne professaient pas, à l'endroit des songes, le mépris qu'affectent les libres penseurs d'aujourd'hui. De graves écrivains en ont cherché la portée mystérieuse et l'histoire est pleine d'événements qu'avait précédés une façon d'avertissement céleste venu durant le sommeil. La Bible est, en cela, d'accord avec la légende grecque et vous savez comment se fit la renommée de Joseph auprès de Pharaon. Moi, j'ai toujours été pour l'année des vaches grasses, mais il en fallait bien pour tous les goûts. Sans partager complètement cette superstition qui semble contemporaine de l'humanité, je conviens que j'ai été quelquefois troublé des choses que je voyais en songe. Ce n'est pas un état indifférent de l'âme que celui où l'on verse de vraies larmes, où le réveil vous surprend dans un réel éclat de rire, où l'on emporte donc la faculté d'être heureux ou de souffrir. C'est tout simplement la moitié de la vie que nous vivons ainsi, inconscients, je le veux bien, de nos impressions, mais ne les éprouvant pas moins pour cela. J'ai toujours envie de rire des spiritualistes qui concluent à la persistance posthume de notre personnalité, pour ce que, disent-ils, châtiés ou récompensés dans un autre monde, il faut bien que nous nous rappelions pourquoi! Je n'en vois vraiment pas la nécessité. Le baudet qui meurt sous les coups d'un rustre, et qui a été peut-être, par la vertu des métempsycoses, un empereur cruel, a-t-il besoin de se rappeler ses méfaits et sa couronne, pour se sentir justement martyrisé? C'est traiter un peu légèrement une bonne partie de notre existence que de ne tenir aucun compte de ce qui s'y passe, sous prétexte que tout y fut fugitif, ou, du moins, que tout nous y paraît ainsi. Car les notions du temps et de l'espace étant supprimées dans le rêve, on peut y souffrir, en une seconde, une éternité, ou y être heureux de quoi remplir de bonheur plusieurs siècles. Ce serait plutôt une supériorité de cette situation psychologique sur l'autre. Mais non : au lieu de nous préparer de beaux rêves par une culture raisonnée de nos impressions et, peut-être, une alimentation savante, nous préférons n'y voir qu'un hasard mystérieux que nous relions au réel par d'imaginaires et fantaisistes liens. Les Orientaux, fumeurs d'opium, sont, à ce point de vue, beaucoup plus sages et beaucoup plus ingénieux que nous.

Mais voici, morbleu! assez philosopher sur une matière intéressante cependant. Car il n'est peut-être pas un seul d'entre nous qui n'ait goûté, en rêve, des voluptés interdites, commis les plus aimables adultères, rêvé de chères absentes et pardonné des infidèles, devancé sur une bouche ingénue, ou retrouvé sur des lèvres longtemps fermées, l'heure divine et le parfum des baisers !

Mon cousin Pisseminet cherchait volontiers, lui, le sens obscur de ses rêves. Comme ceux-ci étaient le plus souvent imbéciles, je fus ravi quand il se maria, sa femme en devenant, à ma place, la naturelle confidente. J'en fus même ravi deux fois. Car il introduisit, dans ma famille collatérale, une très belle créature dont le cousinage m'inspira souvent de coupables, mais aimables songes. Car, aussi, je goûtais, ainsi innocemment, la joie de le faire souvent cocu avec une parente particulièrement à mon goût, douée qu'elle est d'un pétard digne de l'admiration de tous les pygophiles sérieux. En voilà une qui vous peuple un fauteuil ! Bonne fille avec cela, aimant à rire, infiniment plus amusante que son Pisseminet d'époux. Car la voix du sang ne me rend pas — j'allais dire : aveugle, ce qui serait impropre — mais sourd.

J'en profite pour entendre causer un moment sur l'oreiller, et avant de s'endormir, mon cousin et ma cousine.

II

— Alors tu as remis les fonds à M. des Etrivières. Au moins, t'a-t-il donné un reçu ?

— Parfaitement, chérie, répond, à sa femme, mon cousin.

— C'est que, vois-tu, ce monsieur-là ne me revient pas beaucoup. Il a la renommée d'un banquier véreux et d'un brasseur d'affaires suspectes.

— Tu aurais mieux fait de me dire ça avant.

— Oh ! mon Dieu, il ne partira peut-être pas demain pour Bruxelles. Je t'engage cependant à ne pas lui laisser trop longtemps ton argent entre les mains.

— Tu m'inquiètes. Il y avait plusieurs malles dans le vestibule. Je vais avoir, tout le temps, le sommeil troublé des appréhensions que tu me donnes. Je voudrais déjà être à demain matin pour savoir s'il n'a pas déposé son bilan et pris la fuite.

— Grand enfant ! Voyons, ne parlons plus de ça. Nous ne pourrions pas causer... plus agréablement ?

Et la voix de ma cousine était d'un caressant, d'un velouté !

— Non ! je ne pourrais pas ce soir ! je suis trop préoccupé... quand j'ai quelque chose dans la tête...

— Vous ne l'avez pas encore, mais vous l'aurez bientôt, Anatole, si vous continuez à me négliger autant.

— Alors pourquoi me donnes-tu des doutes sur

des Etrivières ! Un homme qui a un train de millionnaire. En songeant à ce que je suis auprès de lui, à plus forte raison je doute de moi-même ! J'en doute ! Je le sens...

— Eh bien ! alors, bonsoir, mon cher.

— Bonsoir, ma petite femme bien-aimée. Si je peux oublier un peu cette nuit, tu verras demain matin !

Et mon cousin se retourna et ses ronflements, rythmiques et majestueux d'ordinaire, se précipitèrent, incohérents et inégaux, comme ceux d'un homme dont le faux repos est hanté de visions troublantes.

III

C'est que mon cousin Pisseminet rêvait.

Son rêve était même particulièrement imposant, se développant dans un décor tout à fait grandiose. Imaginez l'immensité des cieux par une nuit toute pleine d'étoiles. Les azurs allaient s'assombrissant dans des régions de plus en plus hautes, mon cousin se sentant emporté, comme par de mauvais anges, dans une mystérieuse ascension. A ses pieds déjà les menues constellations n'étaient qu'une poussière d'argent balayée par les souffles de l'infini. Le monde des planètes sérieuses s'ouvrait devant lui, celles-ci le contemplant avec leurs grands yeux d'or pareils à ceux de chats monstrueux. Il se sentait tout petit devant ces grands êtres de lumière qui vivent comme nous. Car les Grecs n'ont pas menti en peuplant les cieux d'images augustes, dont les formes se perdent, pour nous, dans leur propre rayonnement. Bien qu'assez toupéteux de son naturel, comme tous les médiocres, mon cousin se sentait vaguement dépaysé dans cette société sidérale et grandiose. Dans son oreille, où sifflaient des ouragans, vainement avait-il voulu conserver quelques bruits lointains de la terre, comme le sentiment sonore de son existence réelle. Mais non ! c'était l'heure où toutes les étoiles filaient sur leurs rouets d'or dans un grand tournoiement de clarté, s'accompagnant d'hymnes magnifiques dont le rythme était celui même qui régit les mondes. D'autres étaient montées dans des barques aux flancs de pierreries et, sous la caresse de voiles invisibles, fendaient les mers qui sont suspendues au-dessus de nos têtes et dont nos océans ne sont que de vivants miroirs. Nonchalamment étendues, elles battaient de rames d'argent, mais en l'effleurant à peine, le flot dont les écumes sont pour nous les nuées. Et c'était une merveille, pour mon croquant de cousin, que cette initiation aux grands mystères des choses, que cet enveloppement de splendeurs inconnues, que le roulis puissant et charmeur dont il se sentait bercé.

Tout à coup, un bruit très sec, comme celui d'un maillet, mais d'un maillet monstrueux, éveilla son attention. Il se dirigea, ayant gardé son libre arbitre dans cette céleste promenade, du côté où il l'entendait et ne vit d'abord qu'un immense disque lumineux qu'il reconnut, tout de suite, à son air de bêtise, pour la lune. C'est au point qu'il crut, au premier moment, qu'il se voyait, lui-même, dans une glace grossissante. Mais le doute était impossible. « Au clair de la lune », chantait l'âme de Lulli dont l'habitation séraphique était justement de ce côté. Car, dans ce monde surhumain, Pisseminet ne rencontrait pas seulement les astres célèbres mentionnés dans les cosmographies et sans cesse interviewés par les observatoires, mais aussi les gens de bien ou de génie qui, maintenant, se promènent éternellement dans ces Champs-Elysées dont les nôtres ne donnent qu'une bien médiocre idée, et notamment les poètes et les artistes qui, assez malheureux de leur vivant, goûtent enfin, là-haut, les douceurs d'une revanche bien gagnée et délicieuse de tous points.

Et le bruit continuait toujours des coups que semblait enfoncer un massif marteau de bois. Tout à coup, un grand souffle ayant éclairci ce point de l'espace, Pisseminet aperçut distinctement, mais de dos seulement, si bien qu'il ne put le reconnaître, un monsieur qui s'efforçait de percer la lune. Pan ! un dernier coup et un trou béant et rond se dessina dans le disque crevé.

Pisseminet poussa un cri qui réveilla sa femme en même temps que lui.

— Des Etrivières, lui dit-il d'une voix mourante, a certainement fichu le camp cette nuit avec nos espèces. Un rêve très clair vient de m'en avertir.

Et il raconta à ma cousine, pendant que sa mémoire était fraîche encore, qu'il avait très distinctement vu, en songe, un monsieur qui faisait un trou à la lune !

Ah ! ma cousine fut très troublée aussi, bien que moins superstitieuse que lui. Elle chercha cependant à donner le change à son inquiétude, tout en le rassurant lui-même.

— Mon ami, lui dit-elle, votre rêve pourrait très bien signifier autre chose.

— Et quoi, mon Dieu !

— Je ne sais pas... il pourrait symboliser la création, par exemple. Ce monsieur qui cognait dans la lune, pour la perforer, serait tout simplement le bon Dieu faisant l'homme à son image, et apportant à son œuvre achevée le dernier perfectionnement.

Et tandis qu'elle parlait, le noble pétard de ma cousine arrondissait monstrueusement la tiédeur voluptueuse des draps.

Tout en louchant de ce spectacle, Pisseminet dit, en souriant presque : — J'aurais préféré beaucoup assister à la création de la femme.

— Pour cela, mon ami, lui répondit très sérieusement ma cousine, il vous aurait fallu passer aussi de l'autre côté de la lune.

Et ils commencèrent de dire des bêtises, ce qui me force, par convenance, de les quitter.

FIN.

TABLE DES MATIÈRES

Crise monétaire.	1
Le bon chasseur.	13
Un mauvais cas.	23
Confiteor	33
Madame Gervais.	43
L'air des montagnes.	53
Bon exemple	65
Achille.	77
Une demande en mariage.	87
Nuit bourgeoise.	99
Idylle gasconne	109
En chemin de fer.	119
L'Orchidée	129
Le P fatal.	139
Fragilité féminine.	149
La dauphine d'Yvetot.	159
Lucioles	171
Alizon	181

Dialogue des mortes. 195
L'oncle Titus. 205
La belle brabançonne 217
Leçon de danse. 229
Histoire incongrue 241
Le falot. 251
La clef d'un songe 266

ÉMILE COLIN — IMPRIMERIE DE LAGNY

TABLE DES MATIÈRES

Dialogue des mortes. 195
L'oncle Titus. 205
La belle brabançonne 217
Leçon de danse. 229
Histoire incongrue 241
Le falot. 251
La clef d'un songe 266

ÉMILE COLIN — IMPRIMERIE DE LAGNY

www.ingramcontent.com/pod-product-compliance
Lightning Source LLC
Chambersburg PA
CBHW050641170426
43200CB00008B/1109